Heinz Starkulla

Marktplätze sozialer Kommunikation

ex libris kommunikation Band 4
Klassische Texte über Medien und Kommunikation

Herausgegeben von
Hans Wagner
und
Detlef Schröter

Heinz Starkulla

Marktplätze sozialer Kommunikation

Bausteine zu einer Medientheorie

Verlag Reinhard Fischer
München

Die Deutsche Bibliothek – CIP-Einheitsaufnahme

Starkulla, Heinz:
Marktplätze sozialer Kommunikation : Bausteine einer
Medientheorie / Heinz Starkulla. – München : R. Fischer, 1993
(ex libris kommunikation ; Bd. 4)
ISBN 3-88927-127-8
NE: GT

ISSN 0944-2618
ISBN 3-88927-127-8

© 1993 Verlag Reinhard Fischer, Weltistr. 34, 81477 München

Redaktion: Philomen Schönhagen M.A., München
Umschlag: designagentur dringenberg & herzog, Schwäbisch Gmünd
Satz: DTP-Studio Böhner & Hiemer, München
Druck: Gorenjski tisk, Kranj — Slovenija

Dieses Werk – oder irgendein Teil daraus – darf nicht ohne Genehmigung
des Verlages gespeichert oder vervielfältigt werden.

Heinz Starkulla
zum 70. Geburtstag

von Schülern und Freunden in Zusammenarbeit
mit dem Verband Bayerischer Zeitungsverleger e. V.
unter Vorsitz von Karl Heinz Esser.
Gefördert von der
Bayerischen Hypotheken- und Wechsel-Bank AG.

Inhalt

Heinz Starkulla – Person und Werk 9
(Hans Wagner)

I. Medien und Medientypen 13
  1. Axiomatik 14
  2. Struktur und Funktion der Kommunikation 19
  3. Die Konstitutionsformen der Kommunikation 24
  4. Die Formen der Sozialen Zeit-Kommunikation 31
  5. Kommunikations-Pläne und ihre Faktoren-Grenze 39
  6. Das Kernproblem der Vermittlung 42
  7. Typische Lösungen des Vermittlungsproblems 48
  8. Die Zeitung der sozialen Orientierung 51
  9. Medien der Teil- und Binnenkommunikation 53
    a) Das Sensationsblatt 54
    b) Die Gesinnungs-Zeitung 56
 10. Die Kampfzeitung 63
 11. Gesellschaftsplenum ohne Medien 70

II. Überschriften 79
  1. Struktur und Funktion der Zeichen 80
  2. Probleme der Transformation 83
  3. Wesen und Bedeutung der Überschrift 88
  4. Wortsprachliche Voraussetzung der Zeitungs-Überschrift ... 89
  5. Zur Geschichte der Zeitungs-Überschrift 94
  6. Die Technik der Zeitungs-Überschrift 99
    a) Psychologische Wirkungsvoraussetzungen 101
    b) Psychologische Struktur der Überschrift 103
    c) Die Überschriften-Gestaltung 105
    d) Die typografische Bedeutung der Überschrift 108
  7. Die Sprache der Zeitungs-Überschrift 111
  8. Vermittlungspolitik in der Überschrift 115
  9. Von der Wahrheit in der Überschrift 119

III. Zeitschriften ... 125
1. Kommunikative Integration und Spezialisierung ... 127
2. Technisch ermöglichte Versammlungsräume ... 130
3. Vom Zeit-Gespräch zur Zeit-Schrift ... 133
4. Gelehrten-Zeitschrift und Publikums-Zeitschrift ... 135
5. Manifestationen der Geselligkeit und der Gesellschaft ... 139
6. „Vereinigungs"-Publikationen ... 145
7. Interessenstrukturen in Zeitschriftenstrukturen ... 149
8. Publizität als Funktion der Universalität ... 153
9. Im Rhythmus der Zeit ... 160

Das Fach-Stichwort:
Medientheorie ... 165
(Hans Wagner)

1. Etiketten-Inflation und Theorie-Defizit ... 166
2. Fundamentalsätze einer Medientheorie ... 171
3. Medien als Foren sozialer Kommunikation ... 185

Heinz Starkulla – Person und Werk

Die im vorliegenden Band versammelten „Bausteine" zu einer Medientheorie sind in formaler Hinsicht ebenso wie in sachlich-inhaltlicher rundum typisch für ihren Autor. Um Beiträge und Lehr-Stücke zugleich handelt es sich der Form nach; in der Sache dagegen um exemplarisch demonstrierte, äußerste Konzentrate einer umfassenden Begründung für Medientheorie.

Die typischen Merkmale dieser „Bausteine" weisen auf einen akademischen Lehrer, der im Vollsinne des Wortes zwar ein imponierendes Lehr-Gebäude, jedoch nicht die üblichen Bücher-Berge zu präsentieren hat. Heinz Starkulla lehrte fast 40 Jahre am Institut für Zeitungswissenschaft der Universität München, oft unter ganz ungewöhnlichen Umständen, immer unter dem Druck erheblicher Anforderungen, die ihm zugemutet wurden – und die er auch selbst an sich richtete. 1922 in Bischofsdorf, Oberschlesien, geboren, verschlug es ihn nach Kriegseinsatz, Kriegsgefangenschaft und Vertreibung nach Bayern. Ein Zufall führte ihn, als er 1946 die Möglichkeiten eines Studiums in München sondierte, in das Haus Karl d'Esters, der 1924 das Münchener Institut gegründet hatte und es bis 1954 leitete. Starkulla erlag der Faszination dieses großen, alten Mannes der Zeitungwissenschaft, noch mehr aber am Ende dem Fach, für das dieser Mann ein Leben lang gearbeitet und gekämpft hatte. Für ihn war, wie es der renommierte d'Ester-Schüler Rudolf Mühlfenzl einmal recht plastisch formulierte, „Zeitung ein bißchen mehr als die Zeitung in der Hand".

Als Germanist und Historiker, der gleichwohl als erster in Deutschland all seine akademischen Weihen für das neue Fach „Zeitungswissenschaft" errungen und erhalten hatte, setzte Karl d'Ester am ursprünglichen Zeitungsbegriff an, wie er in der Theoriegeschichte seit Kaspar von Stieler das Wissenschafts-Fundament bildet, wie er aber auch weit bis ins 19. Jahrhundert hinein noch umgangssprachlich verbreitet und verständlich war: Zeitung, das war die Nachricht – keinesfalls aber das Blatt Papier, auf das sie geschrieben oder gedruckt war. Zeitung, das war der Nachrichtenaustausch, welchen zu allen Zeiten die jeweiligen Zeitgenossen über gleichzeitige Angelegenheiten, Tatsachen und

Begebenheiten in vielerlei Formen und beileibe nicht erst und niemals nur auf Papier pflegten.

Diese Zeitungswissenschaft des Karl d'Ester begann Heinz Starkulla zu studieren. Die Nebenfächer Geschichte und Wirtschaftsgeschichte boten sich von der Sache her an. Aus dem Schüler d'Esters wurde ganz rasch und ganz unbürokratisch sein Mitarbeiter, der Doktor des Faches, dann der Assistent, der Wissenschaftliche Rat ... und am Ende der Wissenschaftliche Direktor. Das ist durch Urkunden belegt. In keiner Urkunde jedoch ist festgehalten, daß Heinz Starkulla über Jahre hinweg der Leiter und Verwalter des Instituts, Bibliothekar und Archivar einer wertvollen Bücher- und Zeitungssammlung, Planer und Organisator des Studienangebots, vor allem aber kenntnisreicher, geduldiger und äußerst erfolgreicher Lehrer der Zeitungswissenschaft war. Er vertrat das Fach „in seiner ganzen Breite", wie man sagt.

Gestützt auf profunde Kenntnisse in den einschlägigen Stoffgebieten entfaltete Heinz Starkulla das d'Estersche Paradigma in alle Verzweigungen. Für Kommunikations-, Medien- und Journalismusgeschichte galt und gilt Starkulla aufgrund seiner kaum je unterbrochenen Forschungsarbeit als der beste Kenner. Orientiert an den historischen Fakten arbeitete er eigenständig und mit hohem Erkenntnisgewinn auf den Fachfeldern der Theorie der Sozialen Zeit-Kommunikation und der Medientheorie. Erst eine tragfähige Theorie rechtfertigte nach seiner festen Überzeugung, nach der er auch handelte, die wissenschaftliche Beschäftigung mit Kommunikations- und Medienpraxis, in die er schon seit Beginn der 50er Jahre konsequent auch Public Relations einbezog. Und als einer der ersten Fachvertreter überhaupt wagte sich Starkulla auf das Anwendungsfeld der Kommunikationspolitik.

Bei alledem wurde nicht nur der Reichtum der d'Esterschen Zeitungswissenschaft sichtbar. Starkulla wurde vielmehr zur Integrationsfigur dessen, was seit den 50er Jahren explizit als ‚Münchener Schule der Zeitungswissenschaft' firmiert. Dazu verankerte er diesen besonderen fachwissenschaftlichen Ansatz einerseits in der Theoriegeschichte; andererseits führte er stringent die nur scheinbar gegensätzlichen Theoriebegründungen von Karl d'Ester, von Otto Groth und von Bernd M. Aswerus auf ihren gemeinsamen Nenner zurück. Mit Groth arbeitete er jahrelang zur Realisierung der siebenbändigen Presse- und Medientheorie „Die unerkannte Kulturmacht" zusammen; Aswerus wurde von Starkulla gewissermaßen „entdeckt" und nachdrücklich gefördert. Starkulla erkannte, daß des ersteren kultur- und medientheoretischer sowie des letzteren philosophisch-anthropologischer und wissenssoziologischer Ansatz nur verschiedene Zugangswege zum gleichen Gegenstand markierten.

Die Form, in der Starkulla solche Zeitungswissenschaft betrieb, war und blieb in allen Jahrzehnten seines Wirkens in ganz urtümlicher Weise *akademisch*: Das Lehrgespräch und auch das sachlich herausfordernde Streitgespräch zog er monologen Vorlesungen vor – und suchte es auch dabei noch, nicht zuletzt dann, wenn er mit druckreifen Manuskripten arbeitete. Im Gespräch ließ er seine Hörer, die er stets als Partner nahm, teilhaben am mühsamen Prozess der Erkenntnissuche, an allen Schritten zur Erklärung und Klärung der Gedanken. Lehr- und Streitgespräche, die sich nicht selten von den Hörsälen in das bescheidene Sprechzimmer oder in ein Kaffeehaus verlagerten, nahm Starkulla immer als Erprobungen für die Tragfähigkeit theoretischer Einsichten. Nicht an monologer Überzeugungsarbeit, sondern an dialogischer Klärung war Starkulla gelegen. Das rühmten ihm Kollegen und Studenten auch nach, wo immer er als Gastprofessor auftrat, ob in Berlin oder in Tunis, ob in Dubrovnik oder in Cincinnati, Ohio, oder in Lawrence, Kansas.

Das Gespräch mit dem unbestechlichen Fachwissenschaftler und sein Rat wurde von vielen Seiten gesucht. Wo immer er konnte, trug Starkulla dann zusammen und bei, was er wußte. In diesem Sinn war er Beiträger für Otto Groth und Joachim Kirchner im engeren Fachgebiet oder für die Historiker Hale, Hildenbrandt, Wulf, Rall oder Phelps und manch andere. In der Liste der Verlage aus der Bundesrepublik gibt es kaum ein renommiertes Haus, das seine Berater- und Beiträgerdienste im Lauf der Zeit nicht an Anspruch genommen hätte.

Gesprächsorientiert und -erprobt sind nicht zuletzt jene Beiträge, die Starkulla in den letzten Jahrzehnten als Gerichtsgutachter zu fast sämtlichen Problemen und Aspekten des Kommunikations- und Medienrechts im Auftrag aller Instanzen geleistet hat. Es werden wohl deutlich mehr als 200 Gutachten sein, die Starkulla so erstattet hat; und ausnahmslos sind die Richter seinem zeitungswissenschaftlichen Fachrat gefolgt, dessen Einfluß auf die rechtliche Ordnung des Medienwesens in der Bundesrepublik nicht hoch genug veranschlagt werden kann.

Drei Gesprächsbeiträge von Starkulla zur Begründung einer Medientheorie vereinigt dieser Band. Die beiden ersten stammen aus Gerichtsgutachten, die 1969 entstanden sind. Beide Male ging es darum, zuverlässige Entscheidungskriterien für publizistische Produkte zu entwickeln. Das konnte, etwas simpel gesagt, nur gelingen, wenn man das Verhältnis von Medien und Vermittlung zur Sozialen Kommunikation möglichst exakt klärte. Indem Starkulla dies unternimmt, legt er in Ansätzen eine allgemeine Medientheorie vor. Beide Beiträge sind bislang nicht veröffentlicht. Der letzte der drei Beiträge zum Zeitschriftenwesen ist 1971 in einer für das Ausland bestimmten Broschüre der Bundesregierung erschienen. Er war hierzulande also kaum erreichbar und ist zudem seit Jahren vergriffen. Was hier als Konzentrat vieler Seminare und Übungen zu den Gegenständen Zeit-Schrift und Zeitschrift vorgelegt wird, ist nach wie vor nicht überholter Fachstandard.

Alle drei Beiträge sind typisch für ihren Autor: Zur Lehr-Schrift geronnen, ist das lebendige Wort verdichtet, absichernd präzisiert, scheinbar weniger aufregend, aber doch stets anregend, nicht unbedingt reizvoll, aber nachdrücklich dazu reizend, es im Gespräch wieder aufzulösen oder es wenigstens nach-lesend und nach-denkend auszuloten. Auch Starkullas Lehr-Schriften bleiben einladende Beiträge zum klärenden Lern-Gespräch nicht bloß für Spezialisten, sondern für alle, die sich kritisch mit Medien beschäftigen.

Hans Wagner

I. Medien und Medientypen

Materialisation, Manifestation und Repräsentation der Sozialen Zeit-Kommunikation

1. Axiomatik

Fassen wir ein Exemplar einer beliebigen Zeitung in den Blick, so vermittelt uns unsere Sinneswahrnehmung etwa folgenden äußeren Eindruck:

Wir sehen eine durch Anwendung mechanischer und chemischer Mittel vervielfältigte und – wie wir wissen – zigtausendfach verbreitete ‚Druckschrift‘, deren materiell-gegenständliche Elemente viele in gewisser Weise angeordnete kleine und große Schriftzeilen und bildliche Darstellungen sind. Kurzum: wir nehmen ein Produkt der Drucktechnik wahr, das uns unter Einsatz der Stoffe Druckfarbe und Papier nicht nur ein ‚Sinnesbild‘ bieten soll, sondern dessen Stoffe nur als Träger von Formen nicht-stofflichen Charakters fungieren. Das Materielle an der Zeitung ist mithin Uneigentliches, ist nur Mittel zu einem nicht-materiellen Zweck, der – darauf läßt die massenhafte Verbreitung des Objekts schließen – irgendwie ‚sozial‘ strukturiert ist.

Diese Feststellungen implizieren zweierlei:
1. Die Druckschrift Zeitung ist ein aus natürlichen Stoffen vom Menschen planmäßig-künstlich gestaltetes ‚Kulturding‘, dessen sinnlich wahrnehmbare äußere Schriftformen nur Bilder für einen Sinn, Sinnbilder, mithin ‚Zeichen‘ für ein ungegenständliches ‚Inneres‘ sind. Diese verschlüsseln und signalisieren einem sie entschlüsselnden Leser ‚Wesensbilder‘, das heißt ‚Bedeutungen‘, die ihr Sein nicht mehr in der sinnlichen Schriftform haben, sondern im Innern, im Geist des die äußere Form erkennenden und die geistige Bedeutung verstehenden Menschen. Unser Gesichtssinn fungiert hier als Vermittler zwischen Welt und Seele, das heißt: zwischen dem äußeren Sein und dem es erkennenden Bewußtsein.

2. Die technische Formung der Zeitungsmaterialien stellt sich dar als Objektivation – als Vergegenständlichung – von im Geiste (des Verlegers, der Redakteure) existierenden intellektuellen Formen („Ideen"). Sie ist also ‚Ausdruck' von – ungegenständlichen – Plänen oder Strategien, die die Zeitung in ihrem Insgesamt sachgemäß und zweckmäßig zu gestalten suchen.

a) Solche Strategien erweisen sich in praktischer Hinsicht als *‚Technologie' des Journalismus*, die als Kunstlehre das zeitungstechnische und -politische *know how* des Zeitungmachens und des Zeitungseinsatzes umgreift. Sie macht den Gesamtbestand der (zumeist auf Erfahrung, auch heute erst selten und nur in Teilen auf Wissenschaft beruhenden) Regeln zum Einsatz der jeweils ‚richtigen' Leitungs-, Herstellungs- und Ausstattungsmittel und -methoden aus. Dabei besteht die Kunst des Journalismus vor allem darin, die Erfordernisse der Eigengesetzlichkeit der Zeitung mit den publizistischen Zielsetzungen in Einklang zu bringen; denn nicht selten widerstreiten letztere der ersteren. Die Technologie, die als praktische Planung ihren unmittelbaren Ausdruck in der konkreten Zeitung findet, ist stets normativ bedingt. Das heißt:

b) Zeitungs-‚Technologie' wird ihrerseits gesteuert von dem strategischen Prinzip der Zeitungs-‚Ideologie' beziehungsweise der Zeitungs-‚Dogmatik': das ist die alles journalistische Handeln normierende Vorstellung von der ‚idealen' Funktion des Journalismus – mindestens der eigenen Zeitung. Oft kaum reflektiert und hauptsächlich orientiert an Zwecksetzungen, begreifen solche Vorstellungen die Zeitung (insgesamt oder in Teilen) entweder als *Medium der Sozialen Zeit-Kommunikation* oder als *publizistisches Führungsinstrument*.

Wo die Vorstellung von Zeitung als *Medium der Sozialen Zeit-Kommunikation* leitend ist, meint dies anders ausgedrückt: Zeitung ist sozial-repräsentatives Medium des (in den Grenzen eines bestimmten ‚Verbreitungsgebietes') universalen gesellschaftlichen Mitteilungs-Verkehrs der Zeitgenossen. In dessen Rahmen werden und sind ‚Journalisten' (im eigentlichen und engeren Sinn) in der Rolle von Gesprächsmaklern und -boten tätig. Insofern deren Tun auf strikte Vermittlung beziehungsweise Repräsentanz der vorhandenen ‚öffentlichen Meinung(en)' gerichtet ist, findet in solcher – faktisch immer ‚überparteilichen' – Zeitung auch der realiter vielstimmige, auf pluraler Meinungsstruktur beruhende Chor individueller, kollektiver und institutioneller Mitteilungen zum Zeitgeschehen eine adäquate Darstellung. Da dieser *Zeitungstyp* in praxi das von der Gesellschaft (als demokratischem Souverän) vorgegebene Lebens- und Geistphänomen ‚Zeitkommunikation' manifestiert, ist er schlechthin ‚öffentliche' Zeitungsinstitution. Unbeschadet davon können auch in deren Raum (innerhalb und außerhalb sozialer Kommunikationsrepräsentanz) Redakteure sehr kräftig ihre eigene Meinung sagen. Dabei ist freilich zu beachten, daß dieser Zeitungstyp (weil er vermittels seiner sozial-konformen Struktur die meisten Bezieher und damit auch Inserenten verbürgt) seine Existenz nicht so sehr journalistischer Gesinnung, sondern sehr kühler verlegerischer Planung verdankt.

Im Unterschied dazu begreift die andere typische Leitvorstellung Zeitung als ein (allenfalls gruppen-repräsentatives) Führungsinstrument im Dienste gezielter Beeinflussung der ‚öffentlichen Meinung(en)'. Das ist der Typ des *publizistischen Mediums*, das nicht im Dienst der sozialen Kommunikation steht, sondern auf diese Einfluß zu nehmen sucht zu Gunsten nicht-kommunikativer Zwecke; dabei kann es gehen um politische und wirtschaftliche Macht oder Herrschaft, um geistige Bildung, um religiöse Missionierung und vieles andere mehr. Die ‚öffentlichen Aussagen' dieses Typs zielen nicht auf abweichende Antworten, nicht auf Gespräch oder plurale Meinungsstrukturen, sondern propagieren die eigenen Wert- und Zweckvorstellungen. Diese werden häufig als *die* ‚öffentliche Meinung' oder jedenfalls als *die* Meinung der Vernünftigen, Anständigen und so weiter postuliert, die denen des oder der Gegner durch Bekämpfung, Verfälschung oder Verschweigen Abtrag zu tun versuchen. Funktionäre solcher Zeitungsinstitutionen sind wesentlich ‚Publizisten' oder ‚Propagandisten', die Veröffentlichungen als Waffen handhaben. Indem solche Gesinnungs- und Kampfzeitungen *in* der Sozialen Zeit-Kommunikation werbend *wirken*, aber ihre *Wirkungen* jenseits aller Kommunikation intendieren, unterscheiden sie sich grundsätzlich von journalistischen, sozial-repräsentativen Medien, deren Wirken kommunikative Vermittlung und deren Wirkung Kommunikationsmanifestation ist.

Nur am Rande zu erwähnen ist schließlich ein weiterer Typ von ‚Massenmedien', der sich äußerlich in nichts von den beiden genannten unterscheiden mag, seiner inneren Struktur nach aber mit jenen nichts gemein hat: Als ‚Druckschrift' verbreitet er Inhalte, die weder jemandes ‚Mitteilung' noch echte ‚Meinung' zum Zeitgeschehen sind oder hervorrufen. Sie manifestieren also weder gruppen- noch gar sozialrepräsentative Kommunikation. Vielmehr bieten sie ‚Erdichtungen', im Blick auf Massenabsatz und -gewinn konstruierte Literatur-Surrogate zeitlos sensationellen, insbesondere pornographischen Charakters. Medien dieser Art sind nicht Zeitungen im eigentlichen Sinn; sie interessieren den Juristen, Psychologen oder Pädagogen mehr als den Zeitungswissenschaftler.

Somit wird deutlich, was der *wissenschaftliche Zeitungsbegriff* ausdrückt, der Grundlage und Voraussetzung für Erfassung und Beurteilung von gegenständlichen Zeitungsmanifestationen bildet:

Zeitungs-Druckschriften (‚Presse') sind nur technische Materialisationen, ihre Inhalte nur Voll- oder Teil-Manifestationen des ungegenständlichen Phänomens ‚Soziale Zeit-Kommunikation', das sich als reales ‚Zeitgespräch der Gesellschaft' vor, neben und nach aller Druckschrift zuerst und vor allem mittels gesprochener Sprache immerzu vergegenwärtigt.

Neben diese erste, natürliche Manifestation mittels *Lautzeichen* treten vom Menschen geschaffene Kulturgebilde, technische Manifestationen: zunächst die *Schriftzeichen*, die das flüchtige gesprochene Wort fixieren und damit seine zeitliche und lokale Bindung (zum Beispiel im Brief) aufheben; dann die *Druckschriftzeichen*, die auf der Grundlage von Massenreproduktion (etwa in Zeitungsmedien) soziale Verallgemeinerung identischer Inhalte ermöglichen; schließlich und neben noch vielen anderen Manifestationsweisen die *elektronischen Medien*, die das gesprochene Wort (wie im Radio) oder Wort und Bild (wie

17

in Film und Fernsehen) auf je eigene Weise manifestieren und ‚multiplizieren'.

Sie alle sind nicht ‚Zeitung' per se, sondern zunächst Träger, Transporteure von ‚Zeichen', jener sinnlichen Stützen also, deren jegliche Kommunikation von Mensch zu Mensch (als Austausch von ungegenständlichen, weil geistigen Bewußtseinsinhalten) bedarf. Diese Bewußtseinsinhalte sind *vor* jeder Materialisation und Manifestation da. Sie gehen zwar in diese ein, sind aber an sie *in keiner Weise gebunden*. Die Manifestationen verhelfen ihnen zum sinnlich wahrnehmbaren Erscheinen, nicht mehr. Das ist der Grund, warum ein und derselbe Inhalt ohne den geringsten Bedeutungsverlust in jede beliebige Fremdsprache übersetzt oder auch in jede beliebige Manifestationsweise übertragen werden kann: Vom Mündlichen ins Schriftliche, von diesem in die Bilddarstellung – ganz gleich welchen Mediums; aus der Rede in das Zeitungsblatt und weiter auf Tonband oder Schallplatte, in den Film oder ins Fernsehen, ins Radio, ins Buch oder auf ein Plakat und so weiter.

All dies sind *Medien der Kommunikation* (im weitesten Sinn des Wortes), insofern sie ein Geistphänomen manifestieren, das dem Bereich der menschlichen Personen und dem Bereich der Gesellschaft dieser Personen angehört. Sie werden zu speziellen ‚Zeitungs'-Medien dann, wenn sie den auf Gegenwart und Gegenwartsgeschehen gerichteten *Zeit-Geist* der Zeitgenossenschaften manifestieren, eben die *Soziale Zeit-Kommunikation*. Alles, was in diesem Bereich an stofflicher Hülle und sinnlicher Stütze – in welcher Erscheinungsform auch immer – auf den Plan tritt, besitzt Zeitungs-Relevanz dann, wenn es sich auf dieses geistige Phänomen bezieht, es auf seine Weise zur Darstellung bringt, das heißt: es manifestiert und materialisiert.

2. Struktur und Funktion der Kommunikation

Da Kommunikation als Verkehr oder Wechselbeziehung der Seelen und Geister, als ‚Austausch' von ungegenständlichen personalen Bewußtseinsinhalten *unmittelbar* nicht möglich ist, bedarf sie der *Vermittlung* durch ein ‚*Mittel*' (Medium), das – gleichsam in der ‚Mitte' zwischen den kommunizierenden Partnern gelegen – als Träger und Transportmittel die mit(einander)-zu-teilenden Inhalte aufnimmt, speichert und wieder abgibt.

Wir sprachen die beiden technischen Vermittlungsstufen schon an: die *Materialisation* einerseits, das heißt die Verkörperlichung der Inhalte mittels der physischen Medialgebilde Laut und Geste (oder ihrer technischen Ableitungen Bild, Sprach-Bild-Kürzel, Schrift bis hin zu Presse-, Hörfunk- und Fernsehapparaturen) sowie die *Manifestation* andererseits, das heißt die Verkörperung der geistigen ‚Bedeutung' dieser Inhalte durch sozial gültige Zeichen, die – gebunden stets an die materiellen optischen, akustischen und taktilen Träger – unmittelbar auf Bewußtseinsinhalte, auf Empfindungen, Vorstellungen oder Begriffe hinweisen und somit sozial-geistige Medialgebilde sind. Sie stellen sich dar zunächst in dem Medium Wort beziehungsweise Sprache, dann in deren künstlichen Ableitungen Schrift und Bild bis hin zu den sogenannten Massenmedien, die immer wieder nur ‚Zeichen' für Wort- oder Sprachzeichen sind und letztlich eben die Zuständlichkeiten von Bewußtseinsinhalten, ihre ‚Bedeutung', manifestieren.

So sind *Medien* also *Mittel zur Übertragung von Bewußtseinsinhalten* von einem Individuum (in der Rolle des Senders, des Kommunikators oder des Expedienten) auf ein anderes (das die Rolle eines Empfängers oder Rezipienten spielt). Aber diese Medien bleiben infolge ihrer physisch-sozialen Zeichen-Qualität rein *äußerliche Gebilde* in der Mitte zwischen Mensch und Mensch. Es ist eine Tatsache von fundamentaler Bedeutung, daß Bewußtsein als solches realiter nie ‚ausgetauscht', von Mensch zu Mensch nie unmittelbar ‚übertragen', sondern immer nur über das letztlich physische Medium ‚vermittelt' werden kann.

Um die in ihm selbst entsprungenen Vorstellungen in einem anderen Individuum hervorzurufen, kann der Expedient einer Mitteilung nichts anderes tun, als mittels der motorischen Nerven ein physisches Gebilde, einen Laut oder ein Gestenbild zu erzeugen, das durch Erregung der sensitiven Nerven des Rezipienten in dessen Bewußtsein entsprechend assoziierte Vorstellungen hervorruft. Aber durch die Art der Mit-Teilung kann kein Vorstellungsinhalt im Bewußtsein *neu* geschaffen werden. Er muß vielmehr schon vorher darin sein und wird durch physiologische Erregungen nur ‚hervorgerufen‘, eventuell auf die Schwelle des Bewußtseins gehoben, wodurch unter Umständen neue Vorstellungsverbindungen geschaffen oder alte befestigt werden.

Das also heißt und ist, wie gesagt, von *fundamentaler* Bedeutung hinsichtlich des Wirkungszusammenhangs in aller Kommunikation, einschließlich der Sozialen Zeit-Kommunikation: Der *Vorstellungsinhalt ist unübertragbar.* Alles, was ein Individuum von dem Vorstellungsinhalt eines anderen zu wissen glaubt, beruht nur auf Schlüssen aus seinem eigenen. Stillschweigend wird dabei – zu Recht oder zu Unrecht – vorausgesetzt, daß das fremde Bewußtsein in dem selben Verhältnis zur Um- und Mitwelt steht wie das eigene, daß identische physische Eindrücke in jenem die gleichen Vorstellungen oder ‚Bedeutungen‘ erzeugen wie in diesem, und daß schließlich diese Vorstellungen sich in identischer Weise verbinden.

Dies ist jedoch nur dann – und immer nur annähernd – der Fall, wenn ein gewisser Grad von Übereinstimmung in der körperlichen und geistigen Organisation der Partner, in der Um- und Mitwelt und in den Erlebnissen vorhanden ist als *Vorbedingung* für die Möglichkeit einer Verständigung zwischen verschiedenen Individuen. Je größer die Übereinstimmung, desto leichter die Verständigung. Umgekehrt aber bedingt jede Abweichung zwischen den Partnern notwendig nicht nur die Möglichkeit, sondern die Gewißheit des Mißverstehens, des unvollkommenen Verständnisses oder des totalen Nichtverstehens. Es sind in erster Linie die ‚Zeichen‘ als Träger indirekter, unendlich vieler Kombinationen fähiger Ideen-Assoziationen, das heißt: Bedeutungs-Codierungen, die im Zuge der Verschlüsselung durch den Expedienten und der Entschlüsselung durch den Rezipienten die Gefahr des Mißverstehens, der Mißdeutung des Sinnes, ja des Zusammenbruchs der Kommunikation heraufbeschwören. Dabei sind die Risiken der unumgänglichen Verwandlung und Rückverwandlung in physiologisch-direkte Assoziationen noch gar nicht berücksichtigt. Kommunikationsschwierigkeiten zwischen unterschiedlichen ideologischen, politischen, nationalen, ja, individuellen ‚Bedeutungs'-Systemen belegen regelmäßig, welche Konsequenzen die Anders- oder Mehrsinnigkeit von Zeichen im Gefolge haben kann. Auch sagen – konventionell erstarrte – Zeichen nicht immer das jeweils Intendierte. Sie ‚ver'-sagen bisweilen.

Dieses Mißverhältnis zwischen Bewußtseinsinhalt und Zeichen, zwischen Wort und Begriff, hat in der Erkenntnistheorie dazu geführt, die Begriffe möglichst nicht in Wörtern auszudrücken, sondern, um sie reinlich abzugrenzen, in *Formeln*. Das Wort ist für den Erkenntnistheoretiker kaum mehr als eine leere Hülse, eine – nach Edmund Husserl – „undeutliche Durchgangsform".

Das sind die Voraussetzungen, unter denen individuelle wie kollektive Partner in kommunikative Beziehungen treten. Expedienten wie Rezipienten von Mitteilungen bleiben Individuen mit je eigenem Ich- und Selbstbewußtsein, auch wenn sich in ihnen Vorstellungskomplexe in wesentlich übereinstimmender Weise vorfinden lassen. Sie rühren daher, daß jedes Individuum mit einer Reihe von anderen Individuen in Gesellschaft lebt und dadurch eine gemeinsame Basis seiner geistigen Entwicklung erhält, auch wenn es sich seinen Vorstellungskreis von Kind auf selbst schaffen muß.

Diese Voraussetzungen schließen die oft und nicht zuletzt bezüglich publizistischer Führungsabsichten artikulierte Annahme aus, es ‚steuere' die von einem Sender über ein Medium dem Rezipienten vermittelte ‚Information' einsinnig, alleinursächlich und beliebig des letzteren Vorstellungsbild und demgemäß auch sein Verhalten und Handeln in Richtung des vom Sender gegebenen Anstoßes. Wäre dem so, es herrschte wohl eitel Freude und Harmonie zwischen Einzelnen, Gruppen und Gesellschaften und nicht persönliche Feindschaft, kalter Ost-West-Krieg oder Studentenrevolte. Tatsächlich hat dieser einphasige und einsinnige Informationsvorgang, den die Kybernetiker als ‚Steuerungsprozeß' bezeichnen, außerhalb der Maschinentechnik einen realen Ort allenfalls in den engsten Schranken absoluter Befehls- und Gehorsamsbeziehungen. Er ist im gesamten Bereich menschlicher Kommunikation und speziell auf dem Feld der Sozialen Zeit- Kommunikation – aller unwissenschaftlichen Kulturkritik zum Trotz – nicht vorfindbar, nicht einmal in totalitären Systemen, deren ‚Informationsmedien' gleichgeschaltet sind und stärkster Steuerung unterliegen.

Die Kulturkritiker übersehen, daß jedem Kommunikationsvorgang, kybernetisch gesprochen, eben nicht ein einphasiges Steuerungssystem, sondern ein mehr-, ja vielphasiges Regelungssystem zugrundeliegt. Das heißt, daß Expedienten wie Rezipienten der Kommunikation lebendige Menschen, Personen, Träger unterschiedlichster Bewußtseinsstrukturen sind, mithin auch ‚Speicher' durchaus disparater Erfahrungen, Motivationen, Vorstellungen, Gedanken, Gefühle oder Strebungen, die aus zahllosen kommunikativen Begegnungen der Vergangenheit resultieren. Neue Informationen, Zufuhren an Wissen und Ideen, treffen nicht auf eine tabula rasa, sondern bieten gewollten oder ungewollten Anreiz zum Vergleich oder zur Kombination mit alten Vorstellungen und Vorstellungskomplexen, nötigen zur durchaus eigenständigen Assoziierung – ganz abgesehen von den Einflüssen, welche situative Stimmungen und Motivationen sowie festgefügte soziale und rechtliche Normen und vieles andere mehr auszuüben vermögen.

Resultat dieser höchst individuellen seelisch-geistigen Durchdringung angebotener neuer Inhalte ist in jedem Fall deren Korrektur und Modifikation – es sei denn, der neue Inhalt sei dem Empfänger „aus der Seele gesprochen". Korrigierend und modifizierend, in diesem Sinne also regelnd, greift der Rezipient gerade dann ein, wenn er dem Expedienten „geistig nicht gewachsen" ist und der übermittelte Inhalt als Störung empfunden wird. Mindestens eine abweichende Rückwirkung (*feed back*) jedoch drängt zur offenen Stellungnahme, zum Widerspruch, der dem Expedienten des Ausgangs-Inhalts unverzüglich mitgeteilt wird, laut oder leise, mittels welchen Mediums auch immer.

Leicht nachvollziehbar ist dieser prozessuale Vorgang anhand des mündlichen Gesprächs, das den Kontrahenten – örtlich und zeitlich

‚in Gesellschaft' – Mediengleichheit (Sprache) gewährt: Die Partner tauschen ihre Rollen, wer eben Rezipient war, wird nun zum Expedienten, dieser ist gleich darauf wieder Rezipient und so fort. Und auch die mitgeteilten Inhalte werden ‚weiterentwickelt': Jeder Rezipient geht auf den je neu empfangenen Inhalt ein, modifiziert ihn aus seiner Sicht, reicht ihn gewandelt an den anderen Partner zurück, der seinerseits durch Stellungnahme regelt – bis die zu übermittelnden Inhalte oder Regelungen glattgeschliffen oder erschöpft sind, weitere Kommunikation ihren Sinn verliert oder mangels Verständigungsmöglichkeit zusammenbricht.

Nichts anderes vollzieht sich im Bereich des Zeitungsmediums; denn auch es vermittelt eine wechselseitige kommunikative Beziehung; auch hier liegt ein kommunikatives Regelungssystem vor, das nur *zunächst* die Journalisten und Publizisten (aber weit darüber hinaus auch die direkt und indirekt im Blatt zu Wort kommenden Individuen und Kollektive) als Expedienten und den ‚Leser' als Rezipienten *erscheinen* läßt; demgegenüber transportiert die Zeitung selbst als ein totes Medium lediglich materielle Farbsignale beziehungsweise Druckschriftzeichen von gewisser sozialer Bedeutung, ‚informiert', „schreibt" oder ‚meint' aber gerade nicht selbst, auch wenn umgangssprachlich sehr unpräzise von derlei die Rede geht.

Der rezipierende Leser reagiert durchaus, wandelt sich im Nu vom *be*troffenen zum gegebenenfalls *ge*troffenen Partner, der nun als Expedient widerspricht, seiner Verärgerung unüberhörbar Luft macht – nur eben in der Regel nicht mittels des gleichen Mediums, der Zeitung, sondern im stummen oder lauten Selbstgespräch, im Familienkreis oder am Stammtisch, im Betrieb und, *last but not least*, an der Wahlurne. Daß Leser nicht hilflos-stumme, ohnmächtige oder alles schluckende Rezipienten sind und bleiben, erfahren vor allem auch Leserbriefe empfangende Redaktionen, Abbestellungen registrierende Verlage; und das erfahren nicht zuletzt Publizisten, die „inferiore Konkurrenzblätter" um ihre Leserzahlen beneiden und dabei ihren eigenen Mangel an kommunikativem Einstellungs- und Regelungsvermögen, das mit politisch-ideologischer Grundsatzlosigkeit überhaupt nichts zu tun hat, einem illusionären „Lieschen Müller" anzulasten suchen.

3. Die Konstitutionsformen der Kommunikation

Wilhelm Dilthey hat in seinen „Typen der Weltanschauung"[1] gezeigt, daß sich alles Philosophieren nach dem Kriterium ordnen und bestimmen läßt, was es als das Eigentliche und Wesentliche setzt:
* die *dingliche Welt*,
* das sich *lebendig Äußernde* oder
* das *Ziel* menschlichen Handelns.

In diesen drei Typen der Weltanschauung spiegeln sich die drei Urphänomene der Sprache, der Kommunikation überhaupt, wieder.[2] Das ist notwendig so. Denn man kann das Philosophieren als eine höhere Form von Kommunikation betrachten, die in all ihren Ausprägungen von den sich stets neu und anders verschränkenden und akzentuierenden Urelementen bestimmt ist. Da sprachliche Kommunikation nicht zu den Dingen der Natur, sondern zu denen der Kultur gehört, hat sie Sinn und Bedeutung für den Menschen, steht sie zu seiner Verfügung als das mit Sinn und Bedeutung aufgeladene stoffliche Kommunikationsmedium des ‚Menschen in Gesellschaft'.

Daher sind diese drei Urelemente *Bedeutungs*phänomene, die sich in aller Sprache in drei Formen verschränkt immer zugleich realisieren. Jedoch kommt in diesen Formen jeweils eines der drei Bedeutungselemente „zur Herrschaft" und schafft so die Differenzierungen. Wir finden diese Akzentuierungen der Bedeutung – analog dem Diltheyschen Weltanschauungs-Schema – ebenso
* im Laut, in dem das *Ausdrucks*element,
* im Wort, in dem das *Darstellungs*element und
* im Satz, in dem das *Zweck*element
dominiert. Nicht anders verhält es sich mit den Satzteilen. Hier tritt

---

1 Wilhelm Dilthey: Weltanschauung, Philosophie und Religion. Leipzig 1911.
2 Diese fundamentale sprachwissenschaftliche Erkenntnis klingt bereits in der Scholastik des frühen 14. Jahrhunderts, etwa im Traktat *"De modis significandi"* des Thomas von Erfrut, an und kulminiert in den einschlägigen Arbeiten von Wilhelm Dilthey (a. a. O.), Fritz Mauthner (Beiträge zu einer Kritik der Sprache. Stuttgart/Berlin ²1906-1913) und Karl Bühler (Sprachtheorie. Jena 1934).

- im Substantiv das *Darstellen,*
- im Adjektiv der *Ausdruck* und
- im Verbum die *Intention*

prägnant hervor. Die Tempora, in denen das Verbum erscheint, verraten die Urelemente ebenso; da ist
- die Vergangenheit die objektiv gegebene, *darstellbare Zeit,*
- die Gegenwart die durch unmittelbaren *Ausdruck* beeindruckende Zeit und endlich
- die Zukunft die Zeit, in welche die *Intentionen* reichen.

Die Prädominanz der Bedeutungselemente differenziert wie die Philosophie so auch alle übrigen höheren Kommunikationsformen. Daher finden wir unschwer in den Kategorien ‚Dichtung' – Rhetorik – (wissenschaftliche) Darstellung sowie sodann in den Gattungen der Dichtung selbst (nämlich Lyrik – Epik – Drama) jeweils die Vorherrschaft der Bedeutungslemente *Ausdruck – Darstellung – Zweck* wieder, die alle sprachliche Kommunikation charakterisieren. Das sei anhand des sprachlichen Basis-Zeichens ‚Wort' noch einmal ganz klargestellt; denn in ihm tritt die unlösbare und stete Verschränkung der Bedeutungselemente zutage:
1. Mit dem einzelnen *Wort* wird etwas *dargestellt* oder nachgeahmt, was in der *umgebenden Welt* als seiend genommen wird. Wir begreifen in dem Wort das Dargestellte.
2. Zugleich ist jedes Wort auch *Ausdruck* von etwas, was der Sprechende in seinem Geist hat. Es manifestiert ein Gefühl, eine Vorstellung, einen Gedanken.
3. Schließlich liegt in jedem Wort *auch ein intentionales Moment,* indem es mit der Absicht gesprochen wird, den Gesprächs*partner* auf etwas hinzulenken, auf ihn einzuwirken.

Wir können statt des Diltheyschen Weltanschauungs-Schemas aber auch von einfacheren Tatbeständen ausgehen, ohne zu anderen Resultaten zu gelangen. Zur Kommunikation – und das ist unbezweifelbar – gehört dreierlei: einer, der spricht, einer, zu dem gesprochen wird, und etwas, worüber gesprochen wird. Daher können wir an Kommunikation drei verschiedene Leistungen oder Funktionen unterscheiden.

Leistg. d. Komm.

Sie ist
1. *Ausdruck*, Kundgabe des Sprechenden, Manifestation des Bewußtseinsinhalts des Sprechers; sie ist weiter
2. *Einwirkung*, Appell an das Gegenüber, sei es, um bei diesem ein bestimmtes Tun auszulösen, sei es, um auf diesen einzuwirken mit der Absicht, ihn des eigenen Fühlens, Denkens oder Wollens teilhaftig zu machen; und sie ist schließlich
3. *Darstellung*, das heißt Bericht über das, worüber gesprochen wird.

Gehen wir von der *sachlich* bedeutsamsten Darstellungsleistung der Sprache aus, ihrer Fähigkeit, die Dinge und Geschehnisse, das Sichtbare und das Unsichtbare wiederzugeben. Zwar ist die Sprache für die Darstellung des *Sichtbaren* weniger geeignet als das Bild, das in diesem Fall eine deutlichere Vorstellung des Gemeinten vermittelt als das zugehörige Wortzeichen. Aber wie umständlich wäre das im mündlichen Verkehr. Abgesehen davon ruft ja das gesprochene Wort beim Hörer die Vorstellung, also das ‚Bild' des oder doch eines ähnlichen Gegenstandes hervor. Und wie vieles läßt sich eben *nur* durch Worte darstellen! Aber in dieser zweifachen Abstraktion von Gegenstand und Bild liegt begründet, daß die *Dinge der Außenwelt* durch die Sprache nur unvollkommen dargestellt werden können, auch wenn die Darstellung nicht allein durch Wortzeichen, sondern in der Regel durch Wortzeichen-Kombinationen beziehungsweise durch ‚Superzeichen' wie Sätze oder noch höhere syntaktische Gefüge erfolgt. Sie werden normalerweise die Darstellung und ihr Verständnis fördern. Sie können aber auch die auf beiden Partner-Seiten vorhandene Möglichkeit, die *inhaltliche Wahrheit* der Darstellung, die Übereinstimmung von Sache und Wort, gewollt oder ungewollt zu verfehlen, vervielfachen. Und dazu können dann als weitere Fehlerquellen ebenfalls bei beiden Partnern noch der Mangel an *Wahrhaftigkeit* als der Übereinstimmung des Wortes mit der inneren Überzeugung sowie ein Mangel an logisch richtigem Denkvermögen hinzukommen.

Wenn wir dies ermessen, dann wird uns die außerordentliche Komplexität, Kompliziertheit und subjektive wie objektive Anfälligkeit jedes, auch des einfachen Kommunikationsvorganges bewußt: Die Geschichte der Menschen, Gruppen und Gesellschaften ist eine einzige Exposition kommunikativer Tragik und auch Komik, die eben auf dieser Anfälligkeit beruht. Und selbst ihre rationalste Ausprägung, die wissenschaftliche Kommunikation – und sie ganz besonders – erhärtet das abgewandelte Sprichwort: ,,Es irrt der Mensch, solang' er denkt – spricht und hört!"

Das hat seine Ursache nicht zuletzt darin, daß vielfach kommunikative Regelungsprozesse zwar als bloße *erste* Reaktionen auf der Partnerseite in Gang gesetzt, aber selten weiter- und fast nie zu Ende gebracht werden. Das gilt in besonderem Maße für die sogenannte Massenkommunikation. Solche Regelung indessen wäre unverzichtbar schon angesichts der oben skizzierten dreifachen Verschränkungsleistung der Sprache; und sie ist doppelt erforderlich angesichts der totalen Verschiedenheit der Iche hinsichtlich ihrer Psyche, ihres Milieus, ihrer Wertvorstellungen und Zwecke, ihres Geistes.

Welche Aussage- und Akzentuierungsmöglichkeiten kommen schon einer so einfachen Mitteilung wie ,,X hat die Prüfung bestanden" potentiell zu: Sie ist Darstellung eines Sachverhalts, Kundgabe einer durch diesen Sachverhalt erzeugten freudigen Stimmung auf Seiten des Sprechers und zugleich der Versuch, auf den Partner durch Übertragung der eigenen freudigen Stimmung einzuwirken. Und wo liegt jeweils der Akzent? Wie liegt er in der Aussage des Expedienten? Wie in der Auffassung des Rezipienten?

Der Wortführer ist frei, Akzente zu setzen und Aussagen je nach den situativen oder dauernden Zuständlichkeiten und Gerichtetheiten seines Ichs in Ausdrucks-, Darstellungs- oder Einwirkungsform zu machen. Und es ist der Rezipient nicht weniger frei, seine eigenen Bewußtseinsinhalte zur Geltung zu bringen – in der stummen Auffassung sowohl wie im ‚regelnden' Widerspruch. Aber es ist ein fundamentaler Tatbestand der Kommunikation, daß die Einwirkung auf den jeweiligen Hörer eine eminente Rolle spielt, vielfach – bewußt oder unbewußt – dominiert. Jeder Sprecher ist seiner Natur nach zu einem Gutteil intentionaler ‚Publizist', Propagandist seines eigenen Ichs. Harmlose Gesprächswendungen wie ,,Stellen Sie sich vor...", ,,Denken Sie nur ...", ,,..., nicht?" oder ,,nicht wahr?" deuten das Gemeinte an.

Diese kommunikative ‚Eigen-Propaganda' hat ihren guten Sinn schon deshalb, weil sie das Personale in die Kommunikation einbezieht. Die nackte, nicht auf den Hörer eingestellte Darstellung wirkte langweilig, wäre außerhalb der reinen, idealiter rein sachbezogenen, wissenschaftlichen Kommunikation unerträglich. Es ist sehr bezeichnend, daß die deutsche Sprache nicht einmal ein Wort herausgebildet hat, das diese Darstellungsfunktion eindeutig objektiv, unter Absehung aller persönlichen Gerichtetheit bezeichnen würde. Denn Wörter wie „mitteilen", „darstellen" oder „berichten" weisen ja unmittelbar auf den Hörer hin. „Berichten" etwa ist eigentlich „berichtigen", das heißt die Meinung des Hörers berichtigen, zurechtrücken. Noch Goethe sagte: „Ich berichte *dich!*" Auch „informieren" bedeutet: die Meinung eines Hörers ‚in (rechte) Form bringen'. Und ‚Nachricht' meint erst recht nichts anderes: der Hörer soll sich ‚danach richten' können.

Daher ist es nur natürlich, daß sich die Umgangssprache vor allem mit Vorliebe kommunikativer Formen des Ausdrucks und der Einwirkung bedient. Sie greift lieber zu Äußerungen wie „Au!" oder „Komm!", wo sie das Gleiche zwar in Satzgebilden der Darstellung verlautbaren könnte – jedoch nur um den Preis der Gespreiztheit und Langweiligkeit folgender Art: „Ich fühle Schmerz." Oder: „Ich möchte, daß Du zu mir kommst!"

Eine Umkehrung jedoch ist nicht möglich. Allein durch Gefühlslaute oder Befehlswörter läßt sich ein verwickelter Sachverhalt nicht ausdrücken. Das deutet darauf hin, daß unter den drei Leistungen der Sprache die *Darstellung* die umfassendste und gewissermaßen auch die vornehmste ist. Darum ist das Darstellen – wie der Ausdruck dem *Fühlen* und die Einwirkung auf andere dem *Wollen* – dem *Denken* als der auf das Herstellen und Erfassen von Bedeutungsgehalten und Sinnbeziehungen gerichteten Tätigkeit des menschlichen Geistes zugeordnet. Und diese Leistung des Darstellens ist bestimmend für die intellektuelle Entwicklung und Entfaltung des sprechenden Wesens Mensch.

Die *Dominanz der Darstellungsfunktion* ist am reinsten ausgeprägt, wo des Menschen Ich sprachlich denkt und denkend mit sich selbst, gewissermaßen *monologisch*, spricht. Sie tritt jedoch an Bedeutung zurück oder gewinnt – wie dargelegt – eine andere Perspektive, wenn das dialogische Sprechen seine *soziale Funktion* entfaltet, das heißt, wenn die Sprache zur Du-bezogenen Mitteilung und weiter zum Gespräch, zur Kommunikation wird, mit der erst die volle Wirklichkeit der Sprache gegeben ist. Denn die Mitteilung, auf deren Austausch Kommunikation beruht, ist die an Grundbezügen reichste Erscheinungsform des konkreten Sprachvorgangs, in der die drei Grundformen der Sprache gleicherweise vereinigt sind:

„*Gefühle* werden geäußert, damit ein anderer von ihnen *Kunde nehme*; *Wollungen* werden verlautbart, um das *Verhalten* anderer zu lenken; *erkannte Sachverhalte* werden im Wortbegriffsmaterial der Sprache *dargestellt* und berichtend dem andern zur Kenntnis gebracht."[3]

Aus dieser Zuordnung der Mitteilung zu den drei Grundfunktionen des Sprechens ergibt sich gleichzeitig eine Differenzierung der mitteilenden Haltung. Ist es doch etwas anderes, ob jemand Gefühle, Wollungen oder Gedanken mit einem Mitmenschen ‚teilen' will. Es ergeben sich dann – idealtypisch betrachtet – folgende drei Dimensionen des Mitteilungsaktes:
1. Die *Mitteilung von Tatsachen und Sachverhalten*. Sie ist ganz der rationalen Seite des Lebens zugeordnet, das heißt gefühls- und ausdrucksfern oder gar -fremd.
2. Im Dienst des Gefühlsausdrucks steht die *teilnahme-heischende Mitteilung*, die nicht – wie die Darstellung von Tatsachen – eine sachliche Verständigung herbeiführen will, sondern um *persönliches Verständnis*, um Teilnahme wirbt. Gegenständlicher Kern der teilnahmeheischenden Mitteilung ist also die Person des Sprechenden selbst.

Beiden Mitteilungsformen gemeinsam ist, daß der Hörer prinzipiell nur als interessierter Empfänger beziehungsweise als Adressat von des Sprechers eigener Wissens- oder Affektentladung gesehen wird, nicht aber als eigenwertiger Partner. Daher werden diese beiden Mitteilungsformen ergänzt durch

---

[3] Friedrich Kainz: Psychologie der Sprache. Stuttgart 1941, Band I, S. 185.

3. die *teilnahmeschenkende und teilhabegewährende Mitteilung*, die wesentlich und wissentlich auf das angesprochene Du bezogen ist. Ob der Sprecher ein Erlebnis kundgibt oder einen Sachverhalt darstellt – Wortwahl und auch Schallform seiner Rede sind bestimmt durch die Rücksichtnahme auf den Hörer, der als personales Selbst empfunden und geachtet wird.

Die teilnahmeschenkende und teilhabegewährende Mitteilung ist die End- und Hochform aller sprachlichen Mitteilung, deren sämtliche Teilfunktionen sie zugleich umfaßt; denn je nach der Sprechsituation mögen Sachlichkeit, Gefühlsausdruck oder Willensäußerung überwiegen: die Rücksicht auf den oder die Hörer wird immer verhindern, daß die Darstellung trocken, die Kundgabe egoistisch, das Wollen hart und gefühlskalt ist.

Mitteilung ist, so gesehen, Ausfluß der „sozialen mitmenschlichen Gesinnung", wie Philipp Lersch meint und unterstreicht: Mitteilung ist „eine Wertbeziehung zu Wesen gleicher Art", gegründet auf dem Gemeinschaftsstreben, „das erfüllt ist von dem Bewußtsein der Solidarität, der Mitverantwortlichkeit des einzelnen für die Glieder einer (..) überindividuellen Lebenseinheit"[4]. In diesem Licht erscheint die sozial-kommunikative Funktion von Sprache erst in ihrem geistigen, zutiefst menschlichen Sinn, der nicht beschlossen ist in der Mitteilung von Tatsachen, Wissensvermehrung oder ähnlichem per se, sondern der diese in ihrem Verhältnis zum Partner als dem eigentlichen Wert begreift, das heißt durch kommunikativen Austausch anzustrebende gemeinsame Teilhabe am Geist.

Wie jegliche Mitteilung Ausdruck der Persönlichkeit ist, sowohl der dauernden Struktur nach wie auch hinsichtlich der spezifischen Reaktion auf augenblickliche seelische Erlebnisse, so hat sie auch ihre besondere sprachliche Gestalt, bezogen auf ästhetische, ethische und logische Inhalte, Wortwahl, syntaktische Gliederung und so weiter. Aber ebenso unterschiedlich ist auch die *Schallform des Gesprochenen*, von der Lersch sagt, daß sie als „*lautender Ausdruck der Seele*" im Ge-

---

4 Siehe Philipp Lersch: Aufbau der Person. München [7]1956, S. 151.

spräch zur Geltung komme: Ihre Dynamik, ihr Rhythmus, ihr Melos, ihr Tempo und ihre Klangfarbe wechseln, je nachdem der Sprecher eine Tatsache berichtet, um Teilnahme für sein Gefühl wirbt oder vornehmlich auf seinen Partner Rücksicht nimmt. Hier gehen musische Elemente mit Lauten ein Wirkungsbündnis ein, das ‚Zeichen' anderer Art versagt bleibt: Hebungen und Senkungen der Stimme etwa, Betonungen und Lautstärke, die alle unterstreichen sollen, was der Redner ausdrücken will. Zugleich schlagen diese Elemente Gefühls- und Stimmungstöne an, die darauf abzielen, die Wirkung des Gesagten zu verstärken.

In der Tat handelt es sich bei den klanglichen Elementen der Sprache nicht um ein Mehr an Begriffsgehalt des Gesprochenen, sondern um dessen Akzentuierung, dessen Gewichtung im Sinne eines ganz nachdrücklichen Verweisens auf seine Bedeutung. Solchen Gewichtungen werden wir in gewandelter Form im Rahmen der Zeitung wiederbegegnen.

4. Die Formen der Sozialen Zeit-Kommunikation

Wir haben Kommunikation als den durch das Medium Sprache vermittelten Mitteilungs-Verkehr zwischen den Menschen bestimmt. Seine Struktur haben wir hergeleitet aus den verschränkt und gleichzeitig sich realisierenden sprachlichen Bedeutungs- oder Leistungselementen *Ausdruck*, *Einwirkung* auf andere und *Darstellung*. Als deren steuernde Faktoren haben wir schließlich die jeweilige Zuständlichkeit des Bewußtseins beziehungsweise seine Teilqualitäten Fühlen, Wollen und Denken im Hinblick auf die Gegenstände der dinglichen Umwelt, der menschlichen Mitwelt und des eigenen Ich, des redenden Selbstes erkannt.

Nicht anders in seiner prinzipiellen Struktur stellt sich das Phänomen der *Sozialen Zeit-Kommunikation* dar, das *als der reale gesamtgesellschaftliche Austausch von Mitteilungen zum Gegenwartsgeschehen*, als das durch ‚Zeichen' jedweder Art – mündlich, schriftlich, bildlich – vermittelte „*Zeitgespräch der Gesellschaft*" zu begreifen ist.

Im Unterschied zu anderen, nicht auf die unmittelbare Gegenwart bezogenen und insofern „ewig" gültigen Kommunikationen etwa religiösen, philosophischen, künstlerischen oder wissenschaftlichen Charakters gibt dieser Art von Kommunikation die *soziale Universalität* und die *Aktualität* ihrer Inhalte ihr spezifisches Gepräge. Sie bezieht sich demnach auf das Insgesamt all jener Tatsachen des Gegenwartsgeschehens, denen für einzelne, für wenige, für viele oder für alle Individuen einer Gesellschaft irgendeine augenblickliche oder doch relativ zeitgebundene ‚Bedeutung' zukommt. Dieser ‚Bedeutung' ist es eigen, daß sie psychisch-geistige Eindrücke hervorruft und psychische oder nicht-psychische äußere Reaktionen veranlaßt. Tatsachen, die „Eindruck machen", bilden nur einen Ausschnitt der objektiven Welt alles dessen, was ist und geschieht, stellen nur einen Sektor der – an sich wertfreien – Wirklichkeit des Universums dar. Ihr Insgesamt bezeichnen wir als *subjektive* – individuelle oder gesellschaftliche – *Gegenwelt*, die „aktuell" ist, weil sie Menschen im Bewußtsein „gegenwärtig" ist. Das eben heißt: Sie hat für Menschen Bedeutung. Alle in der objektiven Welt existenten und sich ständig verändernden Tatsachen sind somit potentiell aktuell und durch Kommunikation in Rezipienten „aktualisierbar". Voraussetzung dafür ist allerdings, daß diesen Tatsachen irgendeine Bedeutung von Menschen zugemessen wird. Solche Bedeutung konstituiert sich im Rahmen ihrer internen „Gegenwelt", die ihr Daseinsrahmen und ihr Lebensfeld ist, von dem sie wissen wollen und wissen müssen, um es (und sich selbst) bewältigen und beherrschen zu können.

Auf solchem *Wissenwollen* ruht das allgemeine Bedürfnis nach kommunikativen Beziehungen mit der zeitgenössischen Mitwelt, die vor gleichen oder ähnlichen Problemen steht. Das Bedürfnis nach Zeit-Kommunikation gliedert sich in zahlreiche einzel-kommunikative Bedürfnisse auf, je nach den Tatsachen-Bereichen der natürlichen oder kulturellen Um- und Mitwelt, die den Gegenstand des Zeitgesprächs bilden. Und je nach psychisch-geistiger Zuständlichkeit des individuellen oder gesellschaftlichen Bewußtseins realisiert es sich in Formen der Sozialen Zeit-Kommunikation, die von den psychischen Faktoren Fühlen, Wollen und Denken akzentuiert sind. Die Morphologie dieser Erscheinungsformen läßt sich, ausreichend begründet, auf folgende Idealtypen[5] reduzieren.

1. Die funktionale Zeit-Kommunikation

Sie akzentuiert eine Form des sozialen Mitteilungsverkehrs, die jene Schicht des seelischen Lebens manifestiert, welche Philipp Lersch als den „*endothymen Grund*" bezeichnet: „Hierzu gehören die seelischen Vorgänge und Zustände, die wir als Affekte, Gemütsbewegungen, Gefühle und Stimmungen zu bezeichnen gewöhnt sind, desgleichen auch die Begierden, die Triebe und Strebungen. Sie alle entstammen einer seelischen Ebene, die unter dem Bereich der Initiative des bewußten Ichs gelegen ist."[6]

Dieser „endothyme Grund" konstituiert eine individuelle und gesellschaftliche Daseinsphase, von der Karl Jaspers sagt: „Im naiven Dasein tue ich, was alle tun, glaube, was alle glauben, denke, wie alle denken. Meinungen, Ziele, Ängste, Freuden übertragen sich von einem zum andern, ohne daß er es merkt, weil eine ursprüngliche, fraglose Identifizierung aller stattfindet. Sein Bewußtsein ist hell. Sein Selbstbewußtsein liegt unter einem Schleier."[7]

Demgemäß vorrational-naiv, betont expressiv strukturiert erscheint auch die zugehörige Phase der gesellschaftlichen Zeit-Kommunikation. In ihr herrschen unverbindliche Alltagsrede, Klatsch, Gerücht, kurz: Formen vor, in denen die mitgeteilten Tatsachen nur eine recht untergeordnete Rolle spielen. Sie haben vorwiegend affektiven, kaum rationalen Wert und stehen daher im Grunde jenseits von Gut und

---

5 Vgl. zur folgenden Typologie auch Bernd M. Aswerus: Typische Phasen gesellschaftlicher Kommunikation. In: Publizistik, 5/1960, Heft 1; ferner ders.: Zur Logik des Bezugsmodells der als Wissenschaft von der gesellschaftlichen Kommunikation betriebenen Zeitungswissenschaft. In: Publizistik, 6/1961, Heft 2. Beide Beiträge sind wiederabgedruckt in: Bernd M. Aswerus: Vom Zeitgespräch der Gesellschaft. München/Mülheim 1992. [*ex libris kommunikation*, Bd. 2]
6 Philipp Lersch: Aufbau der Person. München [7]1956, S. 78 und S. 92f.
7 Karl Jaspers: Philosophie. 3 Bde. Heidelberg/Berlin 1932, Bd. II, S. 51.

Böse. Denn hier sollen eben nicht Tatsachen beredet werden, die objektiv faßbar, also ‚wahr' sind, sondern es wollen Gefühle der Lust oder Unlust, Wünsche oder Hoffnungen ausgedrückt werden, die durch Tatsachen lediglich ausgelöst wurden und nun einem Du mitgeteilt werden, das der Unlust abhelfen oder durch seine Teilnahme die Lust vermehren, die Wünsche bestätigen und die Hoffnungen bestärken soll. Wir haben es hier also, der kommunikativen Haltung nach, mit *teilnahmeheischenden* Mitteilungen zu tun, in deren Mittelpunkt zweifellos die Person des Sprechenden nebst ihren eigenen Bedürfnissen steht.

Aber diese aus doch ganz egoistischen Motiven angestrebte und verwirklichte Kontaktnahme mit einem Gesprächspartner, der kaum als Person, sondern eher als *Resonanzobjekt* gesehen wird, hat auf gesellschaftlicher Ebene doch eminent soziative, Gesellschaft anstrebende und sozialisierende, Gesellschaft verwirklichende Wirkungen. Denn hier vollziehen sich kommunikative Kontakte, die im Bereich des Unverbindlichen und Banalen, des rational und normativ nicht oder noch nicht Differenzierten verbleiben und daher Konflikte ausschließen.

2. Die intentionale oder publizistische Zweck-Information

Während Antriebserlebnisse und Gefühlsregungen, welche die funktionale Kommunikation steuern, aus dem für das bewußte Ich nicht kontrollierbaren Bereich des ,,endothymen Grundes" (Lersch) auftauchen, den Menschen ergreifen und eine ursprüngliche Tendenz haben, Lebensführung und Lebensgestaltung, nicht zuletzt das kommunikative Verhalten zu bestimmen, erfährt sich der Mensch im *Wollen* ,,als bewußtes, einheitliches Ichzentrum, nicht pathisch getrieben und gesteuert, sondern als aktiv steuernd; nicht als bewegt, sondern als bewegend (..), als Instanz, die entscheidet, ob und in welcher Richtung eine Bewegung, ein Tun und Verhalten an ihm und durch ihn geschehen soll"[8]. Zwar empfängt das Wollen seine Inhalte von den endothymen Erlebnissen, doch besteht seine selbständige seelische Funktion darin, daß das bewußte Ich diesen gegenüber Stellung nimmt und

---

8 Philipp Lersch: Aufbau der Person. München [7]1956, S. 429.

dafür sorgt, „daß das gesetzte Ziel zur planvollen Leitlinie des Gesamtverhaltens gemacht, also (..) in die Tat überführt und gegen alles, was seiner Verwirklichung entgegensteht, durchgesetzt wird"[9].

Die Zeit-Kommunikationsform dieser individuellen wie gesellschaftlichen Daseinsphase ist die intentionale Zweck-Kommunikation oder publizistische Information, die einige Differenzierungen aufweist. Sie tritt überall dort akzentuiert in Erscheinung, wo ‚erwachende', zur Erkenntnis des freien Ich beziehungsweise Wir herangereifte Individuen, Gruppen, Generationen und auch Völker sich Ziele setzen, diese mit Hilfe rational durchdachter Mittel anstreben und Zweckgemeinschaften wie Institutionen zur Durchsetzung solcher Zwecke bilden. Diese beherrschen ihr Denken, Handeln und damit auch die Kommunikation, die im extremen Fall jegliche kommunikative Valenz verliert. Denn hier geht es nicht um ‚Mitteilung'; es sollen weder Bewußtseinsinhalte noch Tatsachen der Außenwelt mit dem Angesprochenen ‚geteilt' werden. Es geht auch nicht um einen ‚Austausch', nicht um Kommunikation, in deren Verlauf die Chance *beider*seitigen Einwirkens grundsätzlich unangetastet bleibt. Es geht vielmehr um *publizistisch-propagandistisch einseitige und einsinnige Einwirkung auf den anderen*, um Übertragung der eigenen Bewußtseinsinhalte auf ihn mit dem Ziel seiner geistigen Umgestaltung beziehungsweise Gleichrichtung. Es geht im extremen Fall um das Diktat, im Normalfall um den mindestens im Kern harten Werbeappell, bei dem jede kommunikative Konzession von Seiten des Publizisten und jegliche regelnde Antwort des Rezipienten den angestrebten Zweck verzögern, wenn nicht gefährden könnte. Daher wird jede Gegenäußerung, die etwa Sonderwünsche des Rezipienten ins Spiel brächte, als Störungsfaktor ausgeschlossen – unter rein publizistischem Aspekt mit Recht. Damit aber wird auch der freie Kommunikationspartner eliminiert und so das kommunikative Regelungsgefüge vorsätzlich ignoriert oder – sofern Mittel und Macht vorhanden sind – zerstört. Denn *Interesse besteht nicht an Kommunikation*, sondern an der Erreichung nicht-kommunikativer, politischer, ideologischer, kommerzieller und manch anderer Ziele, auf die hin

---

9 Philipp Lersch: Aufbau der Person. München [7]1956, S. 430.

der Rezipient mittels ‚Ansprache' als erwünschter Gefolgsmann oder Konsument ‚informiert' werden soll. Einseitige und einsinnige Einwirkung auf den andern vollzieht sich – wie oben schon bemerkt – in differenzierten Formen.

Nur in geschlossenen, totalitären Systemen möglich ist die Anwendung der *totalen Information*. Sie umgreift strikt monologische Ansprache, Ausschluß jeglichen öffentlichen und möglichst auch des privaten Austausches sowie Fixierung einer Zwangsgefolgschaft in dauerndem Rezipiententum (mittels totaler Gleichschaltung aller Nachrichten- und publizistischen Mittel, Zensur, Sprachregelung usw.). Vor allem aber hat sie auch die terroristische Etablierung oder Änderung von Fakten und von Menschen ebenso zur Voraussetzung wie zur Folge. Liquidierung, Deportation, Konzentrationslager und Gulags, aktive Kriegs- und sonstige politische Handlungen sind Mittel zu derart totalpublizistischem Zweck. ,,Tod den Kulaken!" oder ,,Juda verrecke!" waren ja nicht bloß billige Propagandaparolen. Auf diese Weise aber erfahren Tatsachen und ‚Informationen' eine weitgehende Annäherung. Sie werden ,,stimmig" gemacht.

Wissenschaftlich strittig ist bislang die praktische Brauchbarkeit jenes gleichfalls auf publizistischer Manipulation beruhenden Verfahrens, das durch Anwendung psychagogischer Erkenntnisse auf die Ausschaltung des menschlichen Denk- und Urteilsvermögens mittels ,,unterschwelliger" Einwirkung zielt.

In der offenen, mehr oder minder demokratischen Gesellschaft kommt die *speziell publizistische Information* zum Zuge, sei es nun in der ‚Werbung', die einen kommerziellen, sei es in der Politik, die einen politischen Erfolg anstrebt. Beiden gemeinsam ist die monologe, jedenfalls ,,tendenziöse" publizistische Einwirkung auf den Rezipienten mit dem Ziel, ihn für die jeweils verfolgten Zwecke zu gewinnen. Publizistik ist also wesentlich eine allgemein werbliche Führungstechnik, mittels derer der Publizist in eigenem Namen oder im Auftrag von Interessengruppen als ‚Propagandist' Gesinnungsgenossen oder ‚Kunden' von der Güte seiner Ideen oder Waren zu überzeugen sucht. Er besorgt dies sowohl durch die Präsentation und Akkumulation wirksamer Meinungen als auch durch gezielte Mitteilung ausgewählter, seinem Zweck günstiger Tatsachen, also mit Hilfe von Nachrichtenpolitik.

Als *allgemeine Publizistik* schließlich ist eine ‚Mitteilungs'-Produktion aufzufassen, die – ohne politische oder werbliche Tendenz einer bestimmten Prägung, aber auch ohne Absicht, die soziale Kommunikation zu manifestieren – Inhalte präsentiert, die als ‚Unterhaltung' und ‚Unterrichtung' Massenabsatz versprechen. Dieser Massenabsatz ist alleiniges, aber eben auch außerhalb der Kommunikation liegendes Ziel dieses Subtyps.

3. Die intentionale Sinn- oder Soziale Zeit-Kommunikation

Sie ist der geistigen Daseinsphase der Gesellschaft zugewandt. In diese Richtung weist Philipp Lersch, wo er die „Doppelfunktion des Denkens" erläutert: „Ist das Denken in seiner *intellektuellen* Funktion ein Mittel, die Welt und das Dasein in ihr zu organisieren und sein so gewonnenes Wissen das, was M. Scheler ‚Herrschaftswissen' nennt, so wird es in der *geistig-ideellen* Funktion zur Auslegung der Welt als Ordnung von Sinngehalten, von Ideen, von Wesenheiten des Seins und Geschehens. (...) So kommt es denn auch, daß die intellektuelle Funktion des Denkens im Dienste der Selbsterhaltung, Selbstsicherung und Selbstdurchsetzung die Formen der Gerissenheit, Schlauheit und Verschlagenheit annehmen kann, während für die geistige Funktion des Denkens eine solche Dienststellung unmöglich ist."[10] Ihr geht es vielmehr darum, durch Erfassung des Sinns der Welt, der Natur, der Geschichte die objektiven Wertgehalte der Welt zu erkennen und so den eigenen Selbstwert dauernd zu steigern.

Mit anderen Worten: Tritt zum rationalen Verstand die Vernunft, der Geist, so erkennt der Mensch Sachverhalte, die nicht mehr als Mittel zu äußeren Zwecken begriffen, denen aber alle diese Zwecke zugeordnet werden können: die Ideen des Schönen, Wahren und Guten, der Freiheit – samt allen ihren Manifestationen. Mensch und Gesell-

---

10 Philipp Lersch: Aufbau der Person. München [7]1956, S. 398.

schaft gewinnen in ihnen ein inneres Ziel, das nun freilich nicht mehr durch ‚Information' vermittelt werden kann, sondern allein durch Kommunikation, durch *teilnahmeschenkenden und teilhabegewährenden* Mitteilungs-Austausch freier, selbstbewußter Partner, die als der eigentliche Wert und als die eigentliche Rechtfertigung der kommunikativen Begegnung erlebt werden. Auf eben diese Begegnung ist nun alle Intention gerichtet, auch wenn irgendwelche ‚Dinge' besprochen werden sollen. Daher gilt diese Erscheinungsform als intentionale Sinn-Kommunikation.

Sie ist zugleich aber auch *soziale Kommunikation*, weil sie sämtliche menschliche und gesellschaftliche, also auch sämtliche kommunikative Daseinsphasen als echte und notwendige Entwicklungen zum vollen menschlichen Sinn-Dasein in ihren Austausch einbezieht. Gerade die Manifestationen der funktionalen und der zweckverhafteten Phasen respektiert sie vom Ganzen, vom Sinn her und nimmt sie ernst. Diese Berücksichtigung des kommunikativen Ganzen findet ihre Entsprechung in der natürlichen Konstitution des personalen Selbstes, wo – wieder nach Lersch – ,,personeller Oberbau und endothymer Grund, die Ichfunktionen des Denkens und Wollens einerseits und das eshafte, in die stationären Gestimmtheiten eingebettete Geschehen der Antriebserlebnisse und der Gefühlsregungen andererseits (..) ganzheitlich aufeinander zugeordnet [sind]"[11].

So realisiert die Soziale Zeit-Kommunikation notwendig das Insgesamt der gesellschaftlichen Kommunikation einschließlich ihrer funktionalen und intentionalen, zweckorientierten Erscheinungsformen. Sie ist daher gesellschaftliche *Voll-Kommunikation*, in der alle möglichen Formen menschlichen und gesellschaftlichen Daseins aufgehoben und zugleich manifestiert sind, freilich in ständig wechselnden Akzentuierungen, damit auch in ständig wechselnder Manifestationsbreite und -intensität in den sogenannten Massenmedien. Stabilität und Niedergang demokratischen, auf Freiheit, Gleichheit und Brüderlichkeit stets zugleich beruhenden Lebens stehen zu den je realisierten Kommuni-

---

11 Philipp Lersch: Aufbau der Person. München ⁷1956, S. 440.

kationsformen in direktem Bezug – als Voraussetzung sowohl wie als Folge.

5. Kommunikations-Pläne und ihre Faktoren-Grenze

Es sollte einsichtig geworden sein, daß Kommunikation im allgemeinen und Soziale Zeit-Kommunikation im besonderen außerordentlich komplexe soziale Phänomene beziehungsweise Prozesse sind, die von sehr viel mehr und sehr viel stärkeren Faktoren getragen und gesteuert werden als von einzelnen ‚Massenmedien', geschweige denn von einzelnen ‚Meinungsmachern'. Jeder kommunikative Vorgang und alle an ihm beteiligten Subjekte, aktive wie passive Partner, sind nur innerhalb gewisser Grenzen freier Entfaltung fähig. Solche Grenzen müssen strikt beachtet werden, soll Kommunikation nicht zum Selbstgespräch verkümmern oder unter Ausschluß der Öffentlichkeit sich in asozialen Coventikeln abschotten. Diese Grenzen werden durch interdependente, allseitig aufeinander bezogene und aufeinander einwirkende Faktoren gezogen, die aller Kommunikation *vorausliegen* und diese selbst, ihre einzelnen Formen ebenso wie deren Insgesamt, die Kommunikations-Ordnung mithin, unmittelbar bestimmen und beeinflussen. (Indirekt zumindest war von ihnen bereits die Rede.) Sie seien an dieser Stelle wenigstens skizziert, weil sie die kommunikativen Handlungsentwürfe, also die Kommunikationspläne, und über diese wiederum das konkret-kommunikative Handeln konstituieren.

Als Faktoren, welche die Soziale Zeit-Kommunikation funktional bedingen, sind anzusprechen[12]:
1. Die *Universalität* der menschlichen beziehungsweise gesellschaftlichen ‚Gegenwelten', das heißt die Gesamtheit oder Teilbereiche

---

12 Vgl. zum folgenden Otto Groth: Die unerkannte Kulturmacht. 7 Bände. Berlin 1960, 1. Band: Das Wesen des Werkes. Ferner Hans Wagner: Die faktische Ordnung der sozialen Kommunikation. München 1965; sowie ders.: Ansätze zur Zeitungswissenschaft. Faktoren und Theorien. In: Festschrift für Otto Groth. Bremen 1965, S. 33-54.

der *Interessen und Bedürfnisse*, die mit einer bestimmten Kommunikation befriedigt werden sollen.
2. Die *Aktualität* der Stoffe und *Themen*, die diese Bedürfnisse stillen können, das heißt Themen, welche die jeweiligen Lebensinteressen der *Gegenwart* berühren.
3. Die *Periodizität*, das heißt die *Kontinuität* und *Wiederkehr*, mit den Idealausprägungen der Dauer der Kommunikation und der annähernden Gleichzeitigkeit von Ereignis und Manifestation.
4. Die *Publizität*, das heißt der jeweilige *Kommunikations-Raum* aus dem die Gesprächspartner kommen und den sie ausfüllen; das heißt auch die *Verbreitung* der Manifestation nach Extensität und Intensität.
5. Die *Medien*, das heißt sämtliche der jeweiligen Kommunikation verfügbaren natürlichen und technischen Manifestationsweisen der Vermittlung sowie deren personelle, ökonomische, technische, rechtliche und sonstige Voraussetzungen.
6. Die *rechtliche und soziale Organisation* der Gesellschaft, das heißt nicht nur die objektiven Normengefüge traditioneller Ordnung, der Gesetze, der Bräuche und Sitten, sondern darüberhinaus der Geist, in dem die Menschen diese Normen leben und sich an die Spielregeln halten.
7. Die *Einstellung auf das kommunikative Verhalten aller Partner*, das heißt der Bezug auf die normativen Fixierungen der Gesellschaft, welche in solchem Bezug ihr Handeln und ihre Kommunikation verankert.

Diese Faktoren sind jeglicher Kommunikation als *Bedingungen* vorausgesetzt. Ihre Datenkonstellation bestimmt die jeweilige Kommunikation, so daß jede Datenänderung bei welchem Faktor auch immer infolge der Interdependenz der Daten auch Änderungen des gesamten Kommunikationsgefüges und -vorganges zur Folge hat.

Jeder Expedient, er sei mündlich ‚sich unterhaltender' Gesprächspartner, Partei-Propagandist oder Redakteur einer Zeitung, steht demnach vor der – bewußten oder unbewußten – Aufgabe, sich durch Einstellung auf das kommunikative Verhalten seiner Partner (Faktor 7) sowie durch entsprechende Entscheidungen zur Datenwahl bei den übrigen

Faktoren einen *Kommunikationsplan* zu entwerfen und sich diesem Entwurf entsprechend in die Soziale Zeit-Kommunikation einzuschalten. Hierbei können – vor allem bei den Expedienten der sogenannten Massenkommunikation – drei verschiedene, typische Planorientierungen ausgemacht werden.

1. Der Expedient orientiert sich an den normativen Vorstellungen der *Mehrheit* seiner Partner (Leser, Hörer und so weiter). So tritt er in eine tendenziell journalistische Boten- oder Übermittlungsfunktion ein.

2. Der Expedient orientiert sich – vorausschauend und vorwegnehmend – an einer der möglichen Reaktionen bestimmter oder aller Rezipienten (oder auch seiner Rezipienten *und* der mit ihm konkurrierenden Expedienten) mit dem Ziel, im Hinblick auf gesetzte Zwecke die Gültigkeit ‚selbstverständlicher' normativer Fixierungen in Frage zu stellen. Diese Funktion kennzeichnet den ‚Publizisten'.

3. Der Expedient orientiert sich einerseits an *allen* möglichen Rezipienten als seinen *Partnern*, die durch ein gemeinsames und verbindliches System normativer Selbstverständlichkeiten allgemeinster Prägung miteinander verbunden sind; und er orientiert sich andererseits an erwarteten *kommunikativen* Reaktionen aller seiner Partner. Wo es auf diese Weise nicht mehr Gegner, sondern allein Partner in einer großen Kommunikation gibt, ist der Platz des ‚Journalisten' als eines ,,Gesprächsanwalts" (B. M. Aswerus), der gewährleistet, daß die Kommunikation nicht in publizistische Information umschlägt, daß jedoch auch umgekehrt die Elemente naiver funktionaler sowie intentional zweckgerichteter Kommunikationsinteressen voll berücksichtigt werden.

Diese Einstellungen der Expedienten oder der Vermittler bedingen – zusammen mit den die Kommunikationspläne ausfüllenden Daten – den Charakter, die Dominanz einer Kommunikation, freilich einer kleinen Teilkommunikation im Normalfall, etwa die einer Zeitung, eines Rundfunkprogramms oder auch einer einzelnen Gruppe. Und auch dies trifft nur unter der Voraussetzung zu, daß sich das jeweilige kommunikative Teilsystem geschlossen darstellt, daß also Expedienten und Rezipienten harmonisieren. Das ist indessen noch keineswegs die ‚Ordnung' der Sozialen Zeit-Kommunikation, also der Gesamtzusammenhang aller Teilkommunikationen und ihrer Formen, mittels welcher Medien und in welchen Räumen er auch immer sich konstituiert. Dazu gelangen wir erst durch Zusammenfassung sämtlicher Kommunikationspläne und Erscheinungsformen auf allen Partnerseiten. Mit der Feststellung irgendwelcher ‚Tendenzen' oder Dominanzen im Inhalt von Massenmedien ist es nicht getan. Sie geben Auskunft allenfalls über die kommunikative Haltung und die verfolgten Zwecke, das heißt über das, was bewirkt werden *soll*. Die *Wirkung* selbst, die volle Kommunikation, wird uns erst zugänglich durch Erfassung des Kommunikations-Komplements auf der nur scheinbar stumm-passiven Rezipienten-, also Leser-, Hörer- und Zuschauerseite. Sie erst komplettiert die Kommunikations-*Wirklichkeit*.

6. Das Kernproblem der Vermittlung

Das Zeitungs-Medium, das als ein künstlich-technisches Kulturding zwischen Mitgliedern einer Gesellschaft den sich in Sprache oder Schrift manifestierenden Geist vermittelt, bedarf der materiellen und ideellen Organisation und Konstruktion, das heißt der verlegerischen Unternehmung, die als wirtschaftlich-technisch-geistige Betriebseinheit die Materialisation und Manifestation von Kommunikation koordiniert. Die materiell-ideelle Konstruktion von Kommunikation und Medium stellt sich im Zuge der Ausweitung zur modernen Kommunikationsgesellschaft der Massen in erster Linie als Problem der *journalistischen Konzentration* dar.

Hier geht es um die gesellschaftlich *repräsentative Verdichtung von Sozialer Zeit-Kommunikation*, so daß in den umfangmäßig begrenzten Spalten des Pressemediums der wirkliche Gehalt, die Essenz der *realen* Sozialen Zeit-Kommunikation *manifestiert* erscheint. Das ist der Sinn und die sogenannte *öffentliche Aufgabe* der Zeitungsmedien. Von dieser gesellschaftlichen Repräsentanzfunktion her ist auch ‚demokratische Pressefreiheit' der Medien als Grundrecht legitimiert, also keineswegs als ein Privileg, das allein die über Medien verfügenden Publizisten ermächtigen würde, öffentlich ihre *eigene* Meinung zu äußern und *in* der Gesellschaft zu verbreiten. Die publizistisch-journalistische Realisation des (technisch bedingten) Veröffentlichungsmonopols bedeutete das Ende jeglicher Demokratie, die ja auf ,,government by discussion", somit auf freier und unverkürzter Sozialer Zeit-Kommunikation des Volkes als dem *demokratischen Souverän* beruht. Ihr Umschlag in eine *Journalokratie* müßte früher oder später – ganz ähnlich wie 1933 – zu sozial-kommunikativen Auflösungserscheinungen und ihren unausweichlichen politischen Folgen führen: dem Ruf nämlich nach der ,Ordnungsmacht', die das gestörte kommunikative und politische Gefüge ,,mit eiserner Faust" wieder ins Gleichgewicht (des Schreckens) bringt.

Die *sozial-kommunikative Vermittlungsaufgabe* der sogenannten Massenmedien ist aus ihrem *Wesen*, nicht allein aus den *Folgen* abzuleiten: Sie stand an ihrer Wiege zu Beginn der Neuzeit, als nämlich die auf Kommunikation angewiesenen gesellschaftlichen Kommunikationspartner, die körperlich nicht mehr ,in Gesellschaft' weilten, des Raum und Zeit überbrückenden Verhandlungs-Mediums bedurften. Gleichzeitig schloß allein die Zahl der möglichen Kommunikations-Interessenten die Dienste des herkömmlichen, Briefe übermittelnden Boten aus. An dessen Stelle trat der *Journalist*, der die Gesprächsbeiträge von hüben und drüben sammelte, vervielfältigte und das neue Medium ,Zeitung' an alle Gesprächsteilnehmer verbreitete, ohne zunächst selbst – mit eigenen Beiträgen – in diese Kommunikation einzutreten.

Der fortschreitende Zwang zur journalistischen Konzentration der vielen Kommunikationsbeiträge im Zeichen einer zunehmenden ,Öffentlichkeit' aller Kulturbereiche, insbesondere der Politik nach Ablösung der absolutistischen Regime, stellte dem Journalisten mehr und mehr die Aufgabe des ,,ehrlichen Vermittlungsmaklers". Sie war in zweifacher Hinsicht zu erfüllen. Im Rahmen einer Art ,,Gesprächsleitung" zunächst, die den einzelnen Partnern das Wort erteilte und um der Gerechtigkeit willen auch entzog, die darüber wachte, daß auch die sozial und politisch Schwachen zu Wort kamen und daß die ,,Unmündigen" kommunikativ vertreten wurden. Kurz: solche Gesprächsleitung hatte den allseitigen Kommunikationsaustausch zu gewährleisten. Die Aufgabe erstreckte sich sodann auf die rationalisierte „Verdichtung" der Kommunikation im Medium, die ein gewisses Hantieren oder ‚Manipulieren' mit den Kommunikationsbeiträgen unausweichlich machte, sollte die Diskussion aller Zeitgenossen mit allen in annähernd gerechter Repräsentanz im Medium sichtbar werden.

Mit anderen Worten: Der zunächst absolut neutrale, an der Kommunikation lediglich nach Art eines ‚Briefträgers' äußerlich beteiligte *Boten-Journalist* wandelte sich zwangsläufig zum *Redakteur*, der auswählen, kürzen, um- und neuschreiben, also die reale Soziale Zeit-Kommunikation ‚redigieren' *mußte*, wollte er über sein Medium wiedergeben, was alles an repräsentativ Bedeutendem er in der Sozialen Zeit-Kommunikation ‚wahrgenommen' hatte. Dazu kam, daß der Journalist als empfindender, wollender und denkender Mensch natürlich auch das Bedürfnis hatte, seine eigene Person kommunikativ zur Geltung zu bringen – und dies nicht nur in persönlichen Leitartikeln, in denen er sich gleichsam auf die Partnerseite stellte, sondern auch und vor allem – vielleicht häufig unbewußt und ungewollt – im Rahmen der sozial-vermittelnden Redaktionstätigkeit.

Diese Vermengung von objektiver *Übermittlungs-* und subjektiver *Vermittlungs-*Funktion gibt dem journalistischen Beruf das Gepräge und verweist ihn hinsichtlich letzterer Rolle in die Position des ‚Aussagenden' schlechthin, der bei allem Willen zur Objektivität immer auch *sich selbst* ‚vermittelt', indem er wiedergibt, was er wahrgenommen hat oder wahrgenommen zu haben vermeint.

Jeder Jurist weiß um die Problematik des Verhältnisses von ‚Aussage' und ‚Wahrheit', selbst wenn diese sich ‚nur' – wie im juristischen Bereich – auf die Vollständigkeit der relevanten Tatsachen oder – wie im journalistischen Bereich – ‚nur' auf die Vollständigkeit der Sichtweisen und Positionen bei der Repräsentation Sozialer Zeit-Kommunikation bezieht. In beiden auf objektive Vollständigkeit abzielenden Wiedergabe- oder Vermittlungsrollen machen sich, trotz strenger Selbstkontrolle und bestem Willen, unvermeidlich subjektive Einflüsse und sachliche Hemmungen geltend, die sich auf journalistischer Ebene in der Konfrontation mit dem *universalen* gesellschaftlichen Geschehen und Urteilen ins Ungeheuerliche zu potenzieren vermögen.

„Wenn irgendwo, dann kann hier der *Vermittler* „Illusionen anheimfallen, die Beobachtung des Tatsächlichen kann ihm erschwert sein, er vermag es nur unvollkommen oder nicht in seinen Zusammenhängen zu beobachten, er kann fremde Mitteilungen vertrauensselig weitergeben, Unbeobachtetes hinzufügen und Wahrgenommenes weglassen, einzelne Momente unterstreichen und andere verwischen; er kann oberflächlich, leichtsinnig, einseitig, voreingenommen wahrnehmen und urteilen, und Vermutungen und Gefühle, Wünsche und Absichten können – oft ganz unbewußt – die Führung haben. Nur allzu leicht schmuggeln sich Meinung und Phantasie in Gesehenes und Gehörtes ein."[13]

Aber noch etwas viel Gravierenderes tritt hinzu, was die soziale Repräsentationsfunktion mindert, wenn nicht gänzlich unterbindet: Soziale Zeit-Kommunikation ist ihrer Typik nach ganz und gar *aktuelle*, spontane, dem Augenblick verhaftete und darum auch ganz und gar der jeweiligen „*Wahrheit des Tages*" unterworfene Kommunikation, die sich tagtäglich neu und anders darstellt. Das aber besagt, daß in ihr naturgemäß vor allem emotionale und volitive Elemente zum Ausdruck gelangen, daß der Anteil der kognitiven – der intellektuellen und geistigen – Inhalte quantitativ zurückgedrängt ist. Soziale Zeit-Kommunikation ist also weithin typisch geprägt durch Tatbestände, die im obigen Zitat als für die ‚Zeugen-Aussage' unvermeidlich und daher konstitutiv hervorgehoben wurden. Das kann gar nicht anders sein, weil selbst Genies nicht imstande wären, schlechthin universale Zusammenhänge vollständig zur Kenntnis zu nehmen und sie insgesamt oder in allen Details zu verstehen. Die unausbleibliche Folge sind eben *emotional* gesteuerte oder volitiv determinierte Urteile und Meinungen in allen Bereichen, die intellektueller und geistiger Verarbeitung nicht zugänglich sind – in welchen Schichten der Gesellschaft auch immer. Was sich – aus der Sicht des jeweils kompetenten Ex-

---

13 Otto Groth: Die unerkannte Kulturmacht. 2. Band: Das Sein des Werkes. Berlin 1961, S. 109.

perten – als derart ‚unfertig', geradezu ‚infantil' präsentiert, ist nichts weiter als ‚*die* öffentliche Meinung', begriffen als die Meinung der jeweiligen sozialen Mehrheiten, die vom je relevanten Fach ‚keine Ahnung' haben, aber sich gerade deshalb zu emotionalen oder volitiven Stellungnahmen gedrängt fühlen, wo sie sich durch ein Fach oder dessen Gegenstand direkt und indirekt herausgefordert wähnen.

Ungeachtet ihrer zumeist sehr entschiedenen Aussage-Form sind solche ,,unqualifizierten" öffentlichen Meinungen tatsächlich als Erklärung heischende, jedenfalls der Erklärung bedürftige Fragen an die Wissenden (und die Weisen) aufzufassen, die im öffentlichen Kommunikationsraum, dem Zeitungsmedium, schon allein deshalb repräsentativ gestellt und repräsentativ beantwortet werden müssen, weil ohne diese Repräsentanz die Partner ständig aneinander vorbeiredeten und sich die Soziale Zeit-Kommunikation dann früher oder später in Teil-Kommunikationen auflöste, die in streng voneinander separierten Binnenräumen abliefen.

Genau das ist vielfach eingetreten, und zwar vorwiegend verursacht durch journalistisches Vermittlungs-Ungeschick. Da die Journalisten heute zumeist ,,gebildete Intellektuelle" sind, die größten Wert darauf legen, eine ,,seriöse" Zeitung zu machen, schließen sie Kommunikationen unterhalb eines gewissen ,,intellektuellen Niveaus" aus ihren Blättern aus oder bemühen sich im publizistisch-missionarischen Eifer, dem ihrer Meinung nach tumben ,,Lieschen Müller" zu staatsbürgerlichen oder anderen Erziehungszwecken eine intellektuell-logisch-ideologische Dauerlektion zu verabreichen, die selbstverständlich gar nicht oder allenfalls mißverstanden wird – sofern sie überhaupt Leser findet.

Repräsentative Erhebungen des Frankfurter Divo-Instituts vom Juli 1964 über ,,Interesse und Verständnis von politischen Vorgängen in der Bundesrepublik" illustrieren die gemeinten Vermittlungs-Defizite. Danach beantworteten die Frage
,,Verfolgen Sie Berichte über politische Fragen und Regierungsangelegenheiten ...?"
       mit *,,regelmäßig"* nur   31 Prozent,
       mit *,,gelegentlich"*   41 Prozent,

mit „*nie*" 27 Prozent.

Auf die Frage,

„... *wie gut, glauben Sie, können Sie persönlich die wichtigen nationalen und internationalen Probleme, denen Westdeutschland gegenübersteht, verstehen?*"

antworteten mit:	„*sehr gut*"	17 Prozent,
	„*ziemlich gut*"	35 Prozent,
	„*nicht so gut*"	23 Prozent,
	„*gar nicht*"	12 Prozent
und mit	„*das kommt darauf an*"	7 Prozent.

Da es sich bei den Befragten um eine repräsentative Auswahl der Bundesbürger im Alter von 16 bis 79 Jahren, mithin der potentiellen Zeitungsleserschaft, handelte, konstatieren wir bei mehr als einem Viertel (27 Prozent) von ihnen ein völliges Desinteresse an politischer Nachrichten-Vermittlung oder an entsprechender Kommentierung. In der Gruppe der Befragten mit Volksschulbildung ohne abgeschlossene Lehre steigt dieses Desinteresse auf 42 Prozent und bei den Frauen generell auf 38 Prozent. Auf die zweite (hier nicht im Detail dargestellte) projektive Frage, welcher Grad von Verständnis gegenüber politischen Vorgängen beim deutschen Durchschnittsbürger vorausgesetzt werden darf, war genau ein Viertel der erwachsenen Befragten der Auffassung, diese Dinge seien für den Bürger unverständlich. Ein weiteres Viertel räumte ein, daß politische Ereignisse und Zusammenhänge je nach Komplexität unterschiedlich eingängig seien. Auch hier wieder erreichen die Gruppe der Volksschüler ohne abgeschlossene Lehre mit 30 und die der Frauen mit 28 Prozent Spitzenwerte. Die dritte (oben an zweiter Stelle referierte) Frage ergab, daß faktisch die Hälfte der Bundesbürger (und gut zwei Drittel der Volksschüler ohne abgeschlossene Lehre sowie ein ebenso großer Anteil der Frauen) nationale und internationale Probleme „nicht so gut", nur halbwegs oder „gar nicht" verstanden.

Das ist ein – von späteren Untersuchungen immer wieder bestätigtes – bestürzendes Bild der relativ geringen sozialen Vermittlungs-Valenz der doch prononciert politisch agierenden ‚Massenkommunikationsmedien' Zeitung, Zeitschrift, Hör- und Sehfunk, die allesamt – so das Fazit dieses Exkurses – politisch nicht voll „ankommen", weil sie ‚Publizistik' im Übermaß, dagegen zu wenig ‚journalistische' Vermittlung Sozialer Zeit-Kommunikation bieten. Was nicht verstanden wird, kann nicht interessieren; was nicht – politisch oder ideologisch – goutiert wird, wird „abgeschaltet", wenn der einseitigen Belehrung und Beeinflussung kein Ende ist. Wer sich selbst in einem Gespräch nicht repräsentiert findet und keine Chance erhält (oder hat), das Wort zu ergreifen, zieht in andere Kommunikationsräume um. Das sind Binsenwahrheiten, deren jeder einzelne Gesprächspartner teilhaftig ist – nur der Kommunikations-Fachmann will sie bisweilen nicht gelten lassen.

7. Typische Lösungen des Vermittlungsproblems

Es ist gar keine Frage, daß das journalistische Problem der repräsentativen Vermittlung aufgrund des Konzentrationszwanges immer noch nicht einfach zu lösen ist, auch wenn die Technik heute schon in den elektronischen Medien die gesamte Gesellschaft, ja sogar die Menschheit umfassende Kommunikationsräume bereitstellt. Welche typischen Lösungsmöglichkeiten bieten sich dem Journalisten?

1. Eine Möglichkeit wäre, daß der Journalist von jeglicher Konzentration ganz absieht. Dabei beschränkt er sich wenn irgend möglich auf die unmittelbare Sammlung und Übermittlung von Kommunikationsbeiträgen eines kleinen Kreises zu einem begrenzten Themen-Spektrum. Solches geschieht etwa in (wissenschaftlichen) Zeitschriften personell schwach vertretener, äußerst spezialisierter Fachbereiche, die im wesentlichen Originalia transportieren. (Man könnte hier auch von einer „Auftrags"-Vermittlung insoweit sprechen, als sämtliche Transportleistungen derartiger Medien auf unmittelbare Veranlassung der interessierten Fachgruppe erfüllt werden.)

2. Eine Lösungsmöglichkeit von extremer Gegensätzlichkeit zu der genannten wäre in der Absicht des Journalisten auszumachen, die gesamte Soziale Zeit-Kommunikation allseitig und umfassend in höchstmöglicher Konzentration zu repräsentieren. Die universelle und zugleich hochaktuelle moderne (Tages-)Zeitung im Sinne der idealtypischen Konstruktion von Otto Groth[14] könnte prinzipiell als Annäherung an diese Lösung betrachtet werden.

3. Eine dritte Möglichkeit des Journalisten bestünde darin, aus welchen Gründen auch immer auf die Repräsentation der umfassenden Sozialen Zeit-Kommunikation zu verzichten und sich stattdessen auf die konzentrierende Repräsentation reiner Lokal-Kommunikation oder auf die einzelner Gruppen und Gesprächsparteien beziehungsweise eines speziellen thematischen Ausschnitts aus dem universalen Insgesamt zu beschränken. Alle diese angedeuteten Varianten repräsentieren jeweils die „Binnenkommunikation" von Gruppen *in* der Kommunikationsgesellschaft. Darin werden die übrigen Gesellschaftsgruppen und deren Kommunikationsinteressen immer nur unter dem Aspekt der je eigenen (Gruppen-)Ideen und (Gruppen-)Interessen berücksichtigt.

4. Schließlich aber wäre es auch denkbar und praktikabel, daß der Journalist auf jegliche Kommunikations-Repräsentanz überhaupt verzichtet. Kompensatorisch gewissermaßen bietet er statt dessen *die eigenen aktuellen Bewußtseinsinhalte* an, für die er Käufer oder Gefolgschaft sucht. In diesem Fall ist er (im Sinne wissenschaftlicher Terminologie) nicht ‚Journalist', weil nicht „Gesprächsanwalt" der Gesellschaft (Aswerus), sondern personaler ‚Publizist', das heißt Meinungsgeber. Seine Medien sind der „offene Brief", das Pamphlet und damit vergleichbare Manifestationen. Selbstverständlich ist nicht ausgeschlossen, daß deren Inhalte gleichwohl in die Soziale Zeit-Kommunikation beziehungsweise in deren Medien übergehen können.

---

14 Vgl. hierzu Otto Groth: Die unerkannte Kulturmacht. 1. Band: Das Wesen des Werkes. Berlin 1960, insbes. S. 366-382.

Diese möglichen Typen journalistischer Vermittlung sind in der Praxis selten rein realisiert und sie schlagen sich demgemäß auch selten rein in den Zeitungsmedien nieder. Wir können uns hier auf die Darstellung der jeweils allgemeinsten Medientypen beschränken, die auf den Grundformen der Sozialen Zeit-Kommunikation aufruhen und von den oben genannten journalistischen Vermittlungsprinzipien geprägt sind. Es muß jeweils Einzeluntersuchungen vorbehalten bleiben, Aussagen darüber zu machen, ob die individuelle Zeitung sich mehr dem einen oder dem anderen Typus nähert, ob und inwiefern sie eine der in der Praxis dominierenden Mischformen aus solchen Grundelementen darstellt und welche der fraglichen Elemente und Faktoren dem einzelnen Blatt sein spezielles Gepräge geben.

Zwei beziehungsweise drei Grundtypen von Zeit-Schriften lassen sich so unterscheiden:
- Die *überparteiliche Informations- und Orientierungszeitung*;
- die *Partikular-Zeitung*, welche Teil- oder Binnenkommunikation repräsentiert; dabei wird
- die *Kampfzeitung* besonders hervorgehoben; sie verkörpert zwar einen Subtyp der Partikular-Zeitung; andererseits kann in ihren äußersten Möglichkeiten auch rein *publizistische Meinungsgeberschaft* Ausdruck finden, die sich – ihrer Intention nach jedenfalls – nicht notwendig an Kommunikations-Repräsentanz orientiert, wenngleich sie de facto an solche wohl immer anbindet.

Wenn im folgenden diese drei Zeitungstypen behandelt werden, so ist dabei zu beachten, daß von den oben entwickelten Grundlagen aus die Medien nunmehr in die Soziale Zeit-Kommunikation „hineingestellt" erscheinen, nicht aber von ihrem Tendenzfaktor, ihrem kommunikativen Wirkplan her, dieser „gegenübergestellt"[15] werden.

---

15 Unterläßt man es, die Medien in die Soziale Zeit-Kommunikation „hineinzustellen", und unternimmt es statt dessen, sie der Gesellschaft und ihrer Kommunikation gegenüberzustellen, so resultieren hieraus monströse Konzepte derart, wie sie in der vom Bundesverband Deutscher Zeitungsverleger herausgegebenen Denkschrift „Pressefreiheit und Fernsehmonopol" (Bad Godesberg 1964) nachzulesen sind. Dort heißt es u. a. (S. 14): Die Zeitungen von heute seien „soziologisch mehr oder weniger heimatlos ...". Sie seien „zu selbständigen, festen Institutionen geworden, die ihr Schwergewicht

8. Die Zeitung der sozialen Orientierung

Die sogenannte *überparteiliche Informations- und Orientierungszeitung* ist bemüht, Soziale Zeit-Kommunikation umfassend zu manifestieren und zu vermitteln. Sie ist die akzentuiert ‚journalistische' Zeitung und kommt dem Ideal der *sozialen* Kommunikations-Vermittlung am nächsten. Sie nämlich ist bemüht, im Interesse einer möglichst allseitigen Unterrichtung der Leser Tatsachen und Urteile aus allen Lebens- und Kulturgebieten „unparteiisch" beziehungsweise „überparteilich" zu vermitteln; in redaktionellen Stellungnahmen und Berichten sucht sie nach allen Seiten möglichst „gerechte" Urteile abzugeben (selbst dann, wenn die Redaktion politisch oder weltanschaulich gebunden ist und ihre eigene Auffassung nicht verhehlt): Auf diese Weise realisiert sie repräsentative *Konzentration der Sozialen Zeit-Kommunikation* und fördert, ja erzwingt gegebenenfalls dadurch die kommunikative Begegnung der Partner – auf welcher Ebene des Geistes, der Gesellschaft, der Kultur und der Kommunikation auch immer. Da jedoch vornehmlich bei den „führenden Blättern" dieses Typs oft genug intellektuelle, nicht ganz so häufig geistige Vermittlungspräferenzen (und diese wieder hauptsächlich im Kultur- und Wirtschaftsressort, aber auch im politischen Teil) sichtbar werden, wird man in praxi wohl die moderne, gut geleitete Lokal- und Provinzzeitung als den hier repräsentativen „universellen" Zeitungstyp ansprechen müssen.

Zeitlich handelt es sich hierbei um den jüngsten Zweig der Zeitungspresse, der erst in der zweiten Hälfte des 19. Jahrhunderts mit dem Eintritt des Arbeiter-, Bauern- und Kleinbürgerstandes, das heißt der „Massen", in das öffentliche Leben schüchterne erste Schritte tat, aber sofort von allen Schichten und Ständen als *gemeinsamer öffentlicher*

---

in sich selbst tragen und grundsätzlich weder dem Staat noch der Gesellschaft hörig sind". Daraus folgere, daß die Presse „von ihrem neuen Standort" [außerhalb und gegenüber der Gesellschaft] „Staat und Gesellschaft kritisch zu betrachten und zur Interpretation beider Gegebenheiten beizutragen" habe. Zur Kritik dieser Auffassung siehe Heinz Starkulla: Presse, Fernsehen und Demokratie. In: Festschrift für Otto Groth. Bremen 1965, S. 198ff.

Kommunikationsraum akzeptiert wurde und bis heute „von allen" gelesen, das heißt eben als „ihre" Kommunikation erkannt und anerkannt wird. Dieses Resultat zeitigte die journalistische Einstellung des Blattes, die grundsätzlich auf die Vermittlung aller gerichtet war und ist.

Die Tendenz dieses Blatt-Typs zielt somit nicht auf politische oder ähnliche *Einwirkung* ab, sondern auf kommunikative Wirkung, das heißt auf die *Gesprächs-Reaktion* von Partnern, die – trotz aller normativen Differenzierung in Teilbereichen – als miteinander in Gesellschaft Lebende eine gemeinsame, wenn auch noch so weit gefaßte einheitliche Normenbasis besitzen; und diese gemeinsame Normenbasis wiederum ermöglicht erst Gespräche. In einem als „sozialem Sprechsaal" etablierten Medium ist der ‚Journalist' in seiner wesentlich gesamt-sozialen Anwaltsrolle tätig, als Makler, Anreger, Förderer und Schiedsmann der Sozialen Zeit-Kommunikation, der das fest im Blick behält, was die politisch und weltanschaulich noch so auseinanderklaffenden Antagonisten an Grundwerten dennoch verbindet, was sie zu Partnern macht – sei es auch nur ihr allgemeines Menschsein. Existenz und Entfaltung einer freiheitlichen und brüderlichen, demokratischen Gesellschaft setzen dieses allgemeine Miteinander voraus, das sich allein in derart universalen Medien zu manifestieren vermag.

Da in dieser Voll-Manifestation die „radikalen" Parteiungen jeder Observanz selbstverständlich nicht fehlen, kann keine Rede davon sein, daß solche Blätter einen in normativer Hinsicht „konformen", „langweiligen" Zeitungstyp verkörpern. Die Konformität der Vermittlung erstreckt sich, wie gesagt, lediglich auf die allgemeinsten gemeinsamen Werte als Gesprächsbasis und auf die Respektierung aller Teilnehmer an dieser Kommunikation als Partner. Auch sind die Redakteure solcher Zeitungen persönlich alles andere als „meinungslos". Über ihre unparteiische Vermittlungstätigkeit hinaus übernehmen sie durchaus publizistische Rollen, in denen sie die von ihnen jeweils vertretenen Richtungen nachdrücklich – gleichsam als Sprecher *ihrer Eigengruppen* – repräsentieren. Entscheidend ist nur, daß die soziale und die parteiliche Rolle stets sauber voneinander abgesetzt, etwa in einem separierten redaktionellen Meinungsteil, der *editorial page* oder in vergleichbaren Abteilungen, praktiziert werden. Und außerdem müssen unter diesen Bedingungen die Reaktionen der lesenden Rezipienten, wie sie in Leserbriefen, in Stellungnahmen von konträr eingestellten Politikern, Publizisten, Gruppen und so weiter zum Ausdruck kommen, stets freien, unverkürzten Zugang zum Blatt haben.

9. Medien der Teil- und Binnenkommunikation

Auf der journalistisch-konzentrierenden *Repräsentation von Teil- oder Binnenkommunikation* basiert eine ganze Reihe von Zeitungstypen ganz unterschiedlichen Charakters. Schon im vorausgehenden Abschnitt war die Rede von der bei „führenden" Zeitungen häufig anzutreffenden Tendenz, intellektuelle oder geistige Präferenzen zu setzen, was auf eine akzentuierte Manifestation rationaler, intellektualistischer Kommunikations-Ausschnitte aus dem „Zeitgespräch der Gesellschaft" hindeutet. Medien dieser Art vermitteln – mehr oder weniger repräsentativ – die *Binnenkommunikation intellektueller Kreise*, zu denen, simplifizierend zugespitzt, allenfalls *Dr. Lieschen Müller* kommunikativen Zugang findet. Ein solches Blatt ist kein Kommunikationsraum der „Massen" und daher auch kein *soziales Medium*.

Dem gleichen Typ der Binnenkommunikations-Medien gehören weiterhin Zeitungen an, die *inhaltlich* offensichtlich in schärfster Weise kontrastieren sowie unter anderen Gliederungsprinzipien auch divergenten Typenreihen zugerechnet werden könnten; ihnen ist jedoch im Hinblick auf die Soziale Zeit-Kommunikation als ganze soviel gemeinsam, daß sie deren Teil-Formen und Teil-Debatten jeweils isoliert manifestieren, das heißt eben in jedem Fall eine Binnenkommunikation vermitteln. Aus der großen Zahl möglicher Varianten seien zwei Subtypen genauer betrachtet, die im skizzierten Sinn zu den Binnenkommunikations-Medien gehören: Das sogenannte *Sensationsblatt* auf der einen und die *Gesinnungszeitung* auf der anderen Seite.

53

a) Das Sensationsblatt

Das *Sensationsblatt* manifestiert die Teil-Form der ,,funktionalen Zeit-Kommunikation". ,,Sensation" steht hier durchaus in ursprünglicher Wortbedeutung für ,,äußere Sinneswahrnehmung", bezogen auf alles Aufsehenerregende, auf alles, was starken Eindruck macht, was – übrigens auch im Innenleben des ,,Intellektuellen" – Affekte, Gemütsbewegungen oder Gefühle auslöst und zum spontan-unreflektierten, allem Ich- und Selbstbewußtsein vorausliegenden ,,leidenschaftlichen Ausdruck" drängt. Diesen ,,Ausdruck", der eine zwar partiale, aber doch echte Lebensäußerung ist, repräsentiert die Sensationszeitung. Zwar liegt die vermittelte Sensation jeder höheren geistigen Reflexion voraus; als Reiz der allgemein-menschlichen Gefühlsbasis setzt sie an, wo noch an keine individuelle oder soziale Differenzierung zu denken ist: Aber dies schließt keineswegs aus, daß sie geistige Reflexionsprozesse (prinzipiell in anderen Medien) in Gang setzt, daß sie solche Reaktionen insbesondere in den Rezipienten selbst initiiert.

Dieser Umstand wird von den Kritikern der Sensation, von unwissenschaftlichen Kulturkritikern überhaupt, ebenso übersehen wie die Tatsache, daß eine Kommunikation, die konzentriert ,,Gefühlswallungen" repräsentiert, notwendig nicht politisch oder weltanschaulich tendenziös angelegt sein kann. Wo Intellekt und Geist noch nicht ins Spiel gekommen sind, spiegelt solche Kommunikation eben die normativen Vorstellungen des ,,gesunden Menschenverstands", den *common sense*, die ,,öffentliche Meinung" der ,,Massen" oder jedenfalls der Mehrheiten innerhalb gesellschaftlicher Einheiten. Der (tatsächlich nur scheinbare) Verzicht der journalistischen Vermittler auf greifbare politische, pädagogische, ideologische oder (seltener) auch ethische Einwirkung wird von den genannten Kritikern häufig als ,,Verrat am Geist" empfunden. Entsprechend gilt der Zeitungsinhalt in seiner sensationellen Selektivität als ein ,,die (ganze) Wirklichkeit verfälschender Schund", der alle unbedarften Lieschen Müller vollends entpolitisiert und entmoralisiert und sie am Ende ihren primitiven Trieben und Instinkten ausliefert.

Tatsächlich geht diese meist ideologisch fundierte Kulturkritik an der kommunikativen Wirklichkeit ziemlich vorbei: Sensationszeitungen manifestieren, was in der psychischen sowie entsprechend in der kommunikativen Organisation jedes Menschen unausweichlich vorgegeben ist. Funktionale Kommunikation ist – wie in der kindlichen Entwicklung so auch im Leben der Erwachsenen und der Erwachsenengesellschaft – eine ständige und durch nichts aufhebbare Durchgangs- und Ergänzungsphase; sie wird nie isoliert realisiert; daher leistet sie eine kommunikative Bedürfnisbefriedigung zwar grundlegenden, aber stets komplementären Charakters.

Diese allgemeinen Urbedürfnisse der *Sensation* (im eigentlichen und engeren Sinn) stillen Kommunikationen und Medien in allen Bereichen seit Urzeiten: Vom mündlichen ,,Gerede", dem Klatsch, der Zote, dem Gerücht über die sensationellen Einblattdrucke und Moritaten der Frühzeit bis hin zu den entsprechenden Produktionen einer Courths-Mahler, des Krimis, der Pop Art, des Kitschfilms, der Operette, der ,,Illustrierten" – bis hin auch zum modernen Sensationsblatt. Selbst wenn man sich einen Augenblick vorstellt, es würden alle gedruckten (oder gefunkten) Manifestationen der Sensation verschwinden, so erfreuten sich doch gewiß deren Inhalte gleichwohl in allen Schichten und Bereichen der Gesellschaft ungedruckt (und ungefunkt) größter Beliebtheit und kommunikativer Virulenz. Denn sie befriedigen ganz allgemein menschliche Neugier, ermöglichen unverbindliche Unterhaltung (in des Wortes jeglicher Bedeutung) und sind schließlich auch ein schwerelos-romantisches Gegengewicht zur ,,langweiligen" Nüchternheit der *Ratio* und zur Erhabenheit des Geistes. Diese Rolle spielen sensationelle Inhalte nicht zuletzt dort, wo intellektuelle Urteilskraft und geistige Verantwortung, von den Strapazen des modernen Alltags erschöpft, auch einmal ,,Pause machen".

Es kann daher nicht überraschen, daß von den 20 Millionen ständigen und gelegentlichen deutschen »Bild«-Lesern (nach Erhebungen von 1967) nicht weniger als 19 Prozent eine höhere Schul-, 5 Prozent sogar Universitätsbildung aufweisen. Das ist für die fraglichen ,,Gebildeten" so wenig ,,beschämend" wie für die Millionen-Masse der ,,Ungebildeten"; denn dieser Tatbestand gibt für pädagogische oder politische oder ideologische Entrüstung nichts her: Mit diesen ,,sensationellen" Inhalten nämlich setzt der Expedient (Redaktion) nur einen kommunikativen Prozeß in Gang, der die „regelnden" Instanzen des Rezipienten (des Lesers) stimuliert; das heißt, er mobilisiert intellektuelle und geistige Funktionen – eine Wirkung, die die entrüstet reagierenden Kulturkritiker sehr lebendig und lautstark unentwegt selbst demonstrieren, ohne sich der Arroganz bewußt zu sein, die in der Annahme steckt, sie und ihresgleichen hätten Denk- und Urteilsvermögen allein gepachtet!

Die wirkliche und unentbehrliche Bedeutung der *Sensationszeitungen* liegt eben – wie oben schon ausführlich behandelt[16] – genau darin, daß sie kommunikative Kontakte auf der unteren Ebene des Banal-Menschlichen, des Allzu-Menschlichen, der noch konfliktfreien, unverbindlichen Geselligkeit *anbahnen*, die dann jedoch – in *anderen* Medien – im individual- wie im sozial-kommunikativen Bereich *weitergeführt* werden. Die Vorstellung, es gäbe den *totalen Sensations-Kommunikations-Konsumenten*, ist absurd. Demgemäß lesen zwar etwa 30 Prozent die »Bild«-Zeitung exklusiv als einzige *Tages*-Zeitung; aber auch diese 30 Prozent sind über Zeitschriften, über Hörfunk- und Fernsehprogramme sowie nicht zuletzt über die mündliche Kommunikation mit der Zeit-Kommunikation ihrer Gesellschaft aufs engste verbunden.

b) Die Gesinnungs-Zeitung

Auf der dominanten oder ausschließlichen Repräsentation von Partikular- oder Binnenkommunikation beruht auch die *publizistische* oder *Gesinnungs-Zeitung*, die eine intentionale *Zweck-Kommunikation* mehr oder weniger rein manifestiert. Dieser Zeitungs-Subtyp umfaßt je nach der Kombination der Kommunikations-Faktoren eine außerordentlich reichhaltige Skala äußerlich sehr differenter Erscheinungsformen. Seine Spannweite reicht von einem die geltenden Normen verteidigenden und propagierenden Richtungsblatt „herrschender Kreise" über das für Reformen streitende Organ gemäßigter Oppositionsparteien und -gruppen oder die für handfest wirtschaftliche Interessen agitierenden Gewerkschafts- und Unternehmerblätter bis zu je-

---

16 Siehe dazu die Ausführungen zur „funktionalen Zeit-Kommunikation" S. 33f.

nen revolutionären *Kampfzeitungen* radikal-extremistischer Gruppen, die das geltende Normensystem ganz oder in Teilen bekämpfen und es auf legitime oder gewaltsame Weise durch ein anderes, durch ihr eigenes nämlich, zu ersetzen suchen.

Was diese Blätter inhaltlich differenziert, sind die jeweils verschiedenen Bezüge oder Einstellungen zum sozialen Normensystem und die verschiedenen Einzel-Zwecksetzungen, die in solch publizistischen Zeitungen – im Gegensatz zu den universalen, sozial-repräsentativen Medien – regulär nicht vermittelnd aufeinander bezogen, sondern prononciert oder gänzlich isoliert zu konzentrierter Darstellung gelangen. Das hat seinen guten Grund. Denn alle diese Blätter erstreben nach dem Gesellschafts-Ganzen hin keineswegs sozial-kommunikative Repräsentation beziehungsweise Vermittlung, sondern die Durchsetzung ihrer eigenen Werte und Zwecke; sie wollen, mit anderen Worten, die Verallgemeinerung ihrer, und *nur ihrer* Kommunikation. Aber nicht diese ist (Selbst-)Zweck ihres publizistischen Handelns; sie ist lediglich Mittel, ist Waffe zum nicht-kommunikativen politischen, ideologischen, materiellen oder ideellen Zweck. Demgemäß werden der Intention nach soziale (Erziehungs- oder Propaganda- oder) Steuerungsprozesse in Gang gesetzt, die ihrerseits kommunikativ-regelnde „Störungen" nach Möglichkeit ausschließen.

Diesen „Plan" sucht die publizistisch-technologische Strategie mit allen tauglich erscheinenden Mitteln zu verwirklichen: Von einer universellen Vermittlung der sozialen Tatsachen und Urteile kann keine Rede sein; vielmehr herrscht die mehr oder weniger strikte Auswahl nach dem Prinzip der Parteilichkeit, das heißt nach dem Prinzip der Dienlichkeit oder Schädlichkeit der Inhalte für die eigenen Ideen und Interessen vor; auf diese Weise hofft man die Rezipienten auf die eigene Seite zu ziehen.

Gleichgültig, ob ein organisatorisches Verhältnis zu einer Partei oder zu einer Interessengruppe vorliegt oder nicht, verfolgt das Gesinnungsblatt doch deren Richtung, führt deren einsinnigen Monolog, sieht und beurteilt das Leben und die Welt durch die „Parteibrille". Und weil das publizistische Wollen inhaltlich aus endothymen Gefühls- und Antriebserlebnissen gespeist ist, kann die motorische Energie, welche das

Gesinnungsblatt treibt und drängt, alle Grade der Leidenschaftlichkeit entfalten, die jene der Sensationszeitung unschwer zu erreichen, ja in revolutionärem Fanatismus noch weit zu übertreffen vermag.

Denn diese publizistische Zeitung betreibt ja nicht nur Gefolgschaftswerbung, sondern zuerst und vor allem Bekämpfung des politischen, kommerziellen oder ideologischen Rivalen, Gegners oder Feindes und dessen publizistischer Agenten. Gegen all diese muß der Anspruch der eigenen Werte und Zwecke durchgesetzt und verteidigt werden. Dabei ist zu berücksichtigen, daß mindestens ideologische Werte *absolute* Geltung beanspruchen, daß aber auch politische Zwecke *Herrschaft* fordern. Eben diese Führungsansprüche, die ja (aus der je maßgebenden publizistischen Sicht) nicht weniger als die Wohlfahrt der Menschheit, der Gesellschaft oder doch einzelner Gruppen bezwecken, bringen den monologen, autoritären, ja totalitären Zug in die Propaganda dieser publizistischen Medien – auch wenn sie im Dienst der unbestritten edelsten Ziele stehen. Auch bei publizistischen Medien macht sich auf Grund ihrer Wert- und Zweck-Fixierung die für den Ideologen und Politiker typische (und wohl unvermeidbar notwendige) „Enge des Bewußtseins" geltend. Diese setzt sich bis in die feinsten Verästelungen der publizistischen Taktik und Agitation fort. Sie weckt im „objektiven", das heißt distanzierten Leser oder Hörer den Eindruck des „Trommelns", des „Einhämmerns", der stereotypen Wiederholung von „Parolen", „Schlagworten", „Propaganda-Phrasen" zum Zweck des „Dummenfangs". Aber das ist ein unter Umständen aus der Distanz, will sagen: aus gleichfalls engagierter Ablehnung heraus getroffenes, vorschnelles Urteil, das der gleichwohl vorhandenen spezifischen sozial-kommunikativen Bedeutung dieses Zeitungstyps in keiner Weise gerecht wird.

Eine hervorragende Rolle spielt für diesen Zeitungstyp ganz gewiß das „Schlagwort" – eine Art von „Ausdrücken", die knapp, kurz, anschaulich, scharf geprägt wie Münzen sind und, weil sie handlich sind wie diese, sich auch ebenso leicht in Umlauf setzen lassen. Es liegt auf der Hand, daß sie immer nur *eine* Seite der Sache zeigen, daß sie das, was sie zum Ausdruck bringen, bisweilen ungeheuer vereinfachen und weder eine vollständige noch eine richtige Anschauung von dem, worum es sich handelt, geben können. Das alles ist gewiß richtig. Denn nirgends sonst begegnen wir so häufig durch stereotype Schlagworte bezeichneten allgemeinen Tatsachen- und Vorstellungskomplexen wie hier. In Ausdrücken wie ,,Nazis", ,,Kommunisten", ,,Faschisten", ,,Bolschewisten", ,,Kapitalisten", ,,Gammler", ,,System" und vielen anderen schließen sie alles zusammen, was für die einen als falsch, verrottet und umsturzbedürftig erscheint, die indessen nichts weiter als übelste Demagogie, Hetze, Lüge oder zum allerwenigsten alberne Simplifikationen in den Augen derer sind, die politisch oder ideologisch anders denken. Sind diese Schlagworte und über sie hinaus auch alle anderen von Wert- und Zweckurteilen einseitig geprägten Inhalte des Gesinnungsblattes nicht eigentlich ganz selbstverständlicher kommunikativer Ausdruck der jeweiligen ideologisch-politischen ,,Bewußtseinsenge"?

Das ist doch das wesentliche der demokratischen Doktrin, daß sie den ,,totalen" Wahrheits- und Herrschaftsanspruch einzelner Ideologien und Politiken grundsätzlich verwirft, also doch den notwendig miteinander in Kampf und Wettbewerb stehenden Parteiungen – völlig zu Recht – samt und sonders eben jene ,,Bewußtseinsenge" unterstellt und sie nicht zuletzt mit Rücksicht auf diese zur geistigen Auseinandersetzung ermuntert – etwa durch Gewährung der Meinungs- und Pressefreiheit. Diese Freiheiten sind, den mehrfach wiederholten Erkenntnissen des Bundesverfassungsgerichtes zufolge, ,,für eine freiheitliche demokratische Staatsordnung schlechthin konstituierend", weil sie ,,erst die ständige geistige Auseinandersetzung, den Kampf der Meinungen, der ihr Lebenselement ist", ermöglichen.

Deshalb kann es im demokratischen Staat weder eine politische noch eine juristische Instanz geben, die darüber zu befinden hätte, ob eine politische oder publizistische Zielsetzung sachlich zu billigen ist oder nicht, ob sie gefährlich ist oder nicht, solange lediglich die *,,geistige Auseinandersetzung"*, der *,,Kampf der Meinungen"* zur Debatte steht. Höchstrichterliche Judikatur hat konsequent der allgemeinen Auffassung den Boden bereitet, daß in echter politischer Auseinandersetzung nahezu jede Meinung, jedes Werturteil verbreitet werden kann. Das steht im Einklang mit den Anforderungen an eine volle demokratische

Kommunikation, in der das rückhaltlose Äußern von leidenschaftlichen Überzeugungen – ohne Rücksicht auf ihre politische oder ideologische Basis – gefordert und selbstverständlich ist, weil es „im Kampf der politischen Meinungs- und Willensbildung um die größten Ziele und um die größten Auswirkungen auf die Allgemeinheit geht"[17].

Dieser „Kampf der politischen Meinungs- und Willensbildung um die größten Ziele" wird in jeder Demokratie ganz unsentimental ausgefochten. Daher zeitigt er mannigfache Erscheinungsformen, die den strengen Anforderungen der Ästhetik, der Logik, der Ethik, des Geistes überhaupt durchaus widersprechen. Aber zeugt dieser Kampf deshalb schon von politischer Entartung der Demokratie, vom Verfall ehemals kommunikativer Strukturen in der modernen Menschheitsgesellschaft? Etwa in einem Sinn und in einer Richtung, die der geistvolle Kulturkritiker Albert Camus so ausdrückt:

„Unglücklicherweise befinden wir uns heute im Zeitalter der Ideologien, und zwar von totalitären Ideologien, das heißt solchen, die ihrer selbst, ihrer närrischen Vernunft oder ihrer kurzlebigen Wahrheit so sicher sind, daß sie die Rettung der Welt nur in der Errichtung ihrer eigenen Herrschaft erblicken können. (..) Fast überall in der Welt ist das Gespräch heute durch die Polemik ersetzt worden. Das 20. Jahrhundert ist das Jahrhundert der Polemik und der Beschimpfung. Sie nehmen heute unter den Völkern, zwischen den einzelnen Menschen und sogar auf der Ebene der Wissenschaft, die sich früher von solchen Dingen fernhielt, den Platz ein, der bisher dem reflektierenden Dialog vorbehalten war. Tag und Nacht schütten Tausende von Stimmen – jede für sich ein geräuschvoller Monolog – einen Strom von mystifizierenden Worten, Angriffen, Verteidigungen und Hetzreden über die Völker der Erde. Was aber liegt all diesen Polemiken zugrunde? Eine Auffassung, die in jedem Andersdenkenden einen Feind sieht, die ihn aus diesem Grunde simplifiziert und sein eigentliches Wesen nicht sehen will. Wir wissen überhaupt nicht, wie der Mann, den wir beleidigen, eigentlich aussieht, ob er jemals lächelt, und wie er das tut.

---

17 Gustav Heinemann: Die Rechtsordnung des politischen Kampfes. In: »Neue Juristische Wochenschrift« [NJW], München 1962, S. 889.

Da wir infolge dieser Polemik bereits zu dreiviertel erblindet sind, leben wir nicht länger unter Menschen, sondern unter Schattenbildern."[18]

Der auf die zeitgenössische Erscheinung fixierte Blick des wohlmeindenden Kritikers übersieht, daß alle Geschichte ein einziger erbitterter Kampf der Menschen und der Völker um die Durchsetzung ihrer Ideen und Ideologien, das heißt um die Geltung *der* Wahrheit, nämlich jeweils *ihrer* Wahrheit, gewesen ist und wohl auch bleiben wird. Dieses „absolute Recht der Wahrheit" hat nicht nur zu allen Zeiten fanatische Meinungskämpfe konstituiert, sondern weit darüber hinaus sowohl aus echter Überzeugung erwachsenen Anlaß zu Gewalttätigkeit und Verfolgung als auch – und vielleicht öfter noch – raffinierten oder plumpen Vorwand zur Anwendung von Zwang und Gewalt geboten. Nur dort herrschte und herrscht „Ruhe", nämlich „Friedhofsruhe", wo der Besitz der ungeteilten Macht, der äußeren Gewalt, darüber entscheidet, was jeweils „absolute Wahrheit" sei und als solche unbedingte und unbefragbare Geltung auch und gerade in Sozialer Zeit-Kommunikation zu beanspruchen habe. Von solcher Macht wird das „absolute Recht" abgeleitet, den Menschen als Sklaven zu behandeln und dabei nicht nur über sein äußeres Leben wie über eine Sache zu verfügen, sondern auch über sein geistes Leben, über sein politisches, sein weltanschauliches oder sein religiöses Denken und Handeln zu befinden und ihn in dieser Hinsicht zur Sache obrigkeitlicher Verfügung, mithin rechtlos zu machen.

Der Kritiker übersieht die fundamentale Angelegtheit allen Meinungskampfes (und seine daraus resultierende unausweichliche Wirklichkeit) in der psychisch-geistigen Organisation des Menschen: In seinem unstillbaren Hunger nach Erkenntnis und Wahrheit. Diesem Hunger sind nur Behauptungen und Lehren berechtigt, die mit der Wirklichkeit der Dinge in Sein und Qualität übereinstimmen, die der Gesetzmäßigkeit des Geschehens entsprechen, die den wahren Wert, die wirkliche Bedeutung, das Vollkommene dessen, was ist und geschieht,

---

18 Albert Camus: Der Künstler und die Freiheit. In: »Der Monat«, Heft 17, 1950, S. 522 ff.

ausdrücken und so schließlich Grund und Wesen der Dinge richtig bestimmen.

Es erscheint nur auf den ersten Blick grotesk, daß gerade diese ideale Anerkennung des unbedingten Rechts der Wahrheit und das Streben, solches Recht auch geltend zu machen, in der Menschheitsgeschichte das eigentliche *Haupthindernis* wurde, die Wahrheit wirklich zu erringen oder zu besitzen, daß gerade aus dem Eifer für die Achtung dieses Rechts den Menschen zu allen Zeiten Unheil und Verderben erwuchs. Der zweite Blick nimmt wahr, daß solches als selbstverständliche Folge überall dort eintreten muß, wo ,,Wahrheit" nicht als kultur- und menschengesellschaftliche, ständige *Aufgabe* begriffen, sondern als von Ideologie und Politik fertig bescherte *Gabe* – gleich einer göttlichen Offenbarung in Religionen – hingenommen wird.

Hier wird ganz offensichtlich übersehen, daß das allerdings unbedingte Recht der Wahrheit und seine daraus folgende absolute Geltung ein philosophisches Abstraktum ist, das in der Anwendung eine *ganz andere*, nämlich eine *psychologische* Dimension gewinnt und dann konkrete Geltung nicht mehr beanspruchen kann: Denn ,,Wahrheit" existiert nicht an sich und tritt dem Menschen auch nicht an sich entgegen. Sie ist immer nur in der Form menschlicher Überzeugung und Verkündigung da und gültig. Das aber heißt, daß historisch das Recht der Wahrheit nur als *Recht der Überzeugung* existieren, auftreten und sich geltend machen kann. Damit aber geht der Charakter unbedingter Berechtigung und Geltung des als Wahrheit Verkündeten verloren. Denn menschliche Überzeugung kann nicht ohne weiteres ihren Inhalt als absolute Wahrheit setzen, weil die vielleicht vollständig verschiedene Überzeugung eines anderen Menschen *auch* Anspruch auf Wahrheit und Geltung machen darf und nicht nur das Recht, sondern gerade im Blick auf die Wahrheit die Pflicht hat, sich zu behaupten. Und eben darum weil *jeder* die Wahrheit bekennen und behaupten will, die Überzeugungen jedoch hinsichtlich der Wahrheit differieren, entstanden und entstehen Konflikte, Meinungskämpfe, und zwar umso mehr, je mehr man sich beiderseits für das absolute Recht der Wahrheit ereifert, das man beiderseits auf die eigene Überzeugung übertragen hat.

Darum sind diese Meinungskämpfe für die Demokratie konstitutiv, in deren Verfassung die dem Wesen nach gleiche Berechtigung der Menschen verankert und in Konsequenz dessen das absolute Recht der Wahrheit in das relative, abgeleitete Recht der eigenen Überzeugung und ihres freien Ausdrucks verwandelt ist. Dies geschieht so grundsätzlich, daß selbst der Irrtum gewissermaßen „wahr" wird dadurch, daß er ernste, lebendige Überzeugung ist und als solche auch gelebt und kundgetan wird.

Wenn in der Demokratie die Quantität der Überzeugungen sich über den Wahlzettel in politische Macht beziehungsweise Herrschaft umsetzt, das heißt, wenn die „öffentliche Meinung" den Staat programmiert und regiert, dann muß Raum und Freiheit da sein, um für die Qualität jeglicher Überzeugung Gefolgschaft zu werben und andere Überzeugungen – mit welchen Mitteln des Geistes auch immer – zu bekämpfen. Es wäre das Ende der Demokratie, wenn dieser Kampf aufhörte, der letztlich dem hehrsten aller möglichen Menschheitsziele gilt: der Erringung und Verteidigung dessen, was jeweils als „Wahrheit" zu gelten habe.

10. Die Kampfzeitung

Wenn also demgemäß Polemiken und daher auch polemische Medien über ihre demokratische Funktion hinaus schlechthin psychisch-geistige Relevanz aufweisen, dann müssen sie notwendig in aller Geschichte nachzuweisen sein, überall dort jedenfalls, wo Überzeugung gegen Überzeugung steht, wo die Zeitereignisse und Zeitkämpfe die Geister der Menschen in leidenschaftliche Unruhe versetzen, wo neue Ideen und Interessen zu Einfluß in der Öffentlichkeit, vor allem im Staat drängen.

In der Tat ist das polemische Medium, das *Kampfblatt*, der älteste Zeitungstyp, den wir kennen; denn das wurde an seiner Wiege zuerst begriffen, daß dieser papierene Schriftträger über Zeit und Raum hinweg als Trommel und als Waffe nutzbar war. Die politisch-konfessionellen Flugschriften Luthers und der Seinen wurden ihres kämpferisch-polemischen Charakters willen mit Recht als „Sturmtruppen der Reformation" bezeichnet. Luther selbst ist geradezu der Klassiker der deutschen Polemik, von dem L. Reiners sagt, „jeder Korporal in Jones' ‚Verdammt in alle Ewigkeit' würde bei seinen Schimpfgewittern vor Neid erblassen".

Die Reichstagsabschiede der ganzen neueren Zeit sind erfüllt von Klagen über die aufrührerischen und hetzerischen sogenannten „*Libell- und Famosschriften*". Und auch die ersten deutschen periodischen Wochenzeitungen waren reine Gesinnungsblätter im Dienst der protestantischen Sache. Trotz strengster Zensur- und Strafmaßnahmen gelang es dem Absolutismus nie, der Kampfpresse völlig Herr zu werden, wie viel weniger dem Konstitutionalismus, der sich zu Beginn des 19. Jahrhunderts mit den Zeitströmungen des deutschen Nationalismus sowie mit dem revolutionären Willen des Volkes nach Anteil an der Regierung konfrontiert sah. Von hier aus datiert die neueste Geschichte des deutschen politischen Kampfblattes, in dessen Spalten Persönlichkeiten wie Görres, Kleist, Wirth oder Rotteck sich im Bewußtsein ihrer politischen Sendung als Sprecher des Volkes fühlten und einen rücksichtslosen Kampf bis zum Verbot ihrer Blätter führten.

Ausgesprochene Kampfblätter waren auch die Organe des Sozialismus, solange sie im erbitterten Klassen- und politischen Kampf gegen einen Staat standen, der nicht der ihre war. Kampfblätter waren auch die Zeitungen des Katholizismus, die im Kulturkampf gegen den Bismarckstaat zu Felde zogen. Sie alle änderten erst ihren Charakter, wurden zu mehr oder minder gemäßigten Gesinnungstribünen, als sie zur Mitherrschaft im Staat gelangten, das heißt, ihre Ideen ganz oder doch wenigstens teilweise politisch realisieren konnten. Allenfalls vor Wahlen fühlten sie sich dann noch bewogen, für ihre Überzeugungen öffentlich zu werben und sie von denen der politischen Konkurrenten kämpferisch-polemisch abzugrenzen.

Die kämpferischen „Jugendsünden" der eigenen Presse waren von den etablierten Parteien vergessen oder verdrängt, als nach 1918 in einem neuen Staat nur scheinbar neue ideologische Fronten ihre Macht- und Herrschaftsansprüche geltend machten: die der Kommunisten, also der alten „Klassenkämpfer", denen die Erfüllung ihrer ideologischen Vorstellungen im neuen Staat versagt geblieben war; die der Nationalsozialisten sodann, deren Ideologie ein Konglomerat alles dessen war, was mit der Ablösung des alten Herrschaftssystems seine politische Gültigkeit eingebüßt hatte. Nichts daran war neu, außer der Tatsache, daß diejenigen, die bisher den Staat bekämpft hatten, nun die Staatsdoktrin lieferten und die Staatspolitik mitbestimmten, nun aber ihrerseits den radikalen Angriffen progressiver wie reaktionärer Gegner ausgesetzt waren.

Deren „Kampfpresse" war daher ganz und gar kein „neuer Zeitungstyp von ganz eigenem Gepräge", sondern das, was Kampfpresse immer gewesen war: publizistische Waffe im ideologischen und politischen Meinungskampf. Das wird ganz deutlich anhand von Selbstcharakterisierungen der führenden nationalsozialistischen und kommunistischen Kampforgane, die nicht nur untereinander austauschbar sind, sondern zugleich in jedem beliebigen Kampfblatt früherer Epochen, etwa in einem Organ der sozialistischen oder sozialdemokratischen Kampfzeit, hätten plaziert sein können.

So schrieb Goebbels über die Funktion seines 1927 gegründeten Organs »Der Angriff«: „Es lag nicht in unsrer Absicht, ein Informationsblatt zu gründen, das für unsere Anhänger gewissermaßen das tägliche Journal ersetzen sollte. Unsere Zeitung entstand aus der Tendenz heraus und sollte auch in der Tendenz und für die Tendenz geschrieben werden. Unser Ziel war nicht, zu informieren, sondern anzuspornen, anzufeuern, anzutreiben. Das Organ, das wir gründeten, sollte gewissermaßen wie eine Peitsche wirken, die die säumigen Schläfer aus ihrem Schlummer aufweckt und sie zu rastlosem Handeln vorwärts hetzt. Wie der Name, so war auch das Motto der Zeitung ein Programm. Neben ihrem Titel stand groß und fordernd zu lesen: ‚Für die Unterdrückten! Gegen die Ausbeuter!'"[19]

Auf der anderen Seite und ebenso exemplarisch die Selbstcharakteristik des Zentralorgans der Kommunistischen Partei Deutschlands:

---

19 Joseph Goebbels: Kampf um Berlin. Der Anfang. München ⁹1936, S. 188.

„Die ‚Rote Fahne' kennt keine Neutralität. (..) Die ‚Rote Fahne' hat nur eine Aufgabe, der Arbeiterklasse zu dienen. Sie ist das Kampforgan bei den Arbeitskämpfen. (..) Sie ist Trommler für das kommende freie sozialistische Rätedeutschland. (..) Ihre Romane sind nicht nur Unterhaltung, sie spiegeln den Kampf und das Leben der Arbeiterklasse wider. (..) Unsere Zeitung hat über die Aktualität und Sensation einen anderen Begriff als die bürgerliche Presse (..) In unserem Kampf (..) richtet sich die Berichterstattung und Behandlungsart unserer Zeitung nach Gesichtspunkten der proletarischen Aktualität. Was für bürgerliche und sozialistische Presse ‚unwichtig' und ‚uninteressant', kann für die klassenbewußte Arbeiterschaft von allergrößtem Interesse sein."[20]

Spätestens hier, beim Zitat aus der »Roten Fahne«, wird die ambivalente, nämlich publizistisch-kommunikative Struktur der Kampfzeitung ersichtlich; unter diesem Aspekt rechtfertigt sich die Zuweisung zu einem Zeitungs-Typus, der Teil- und Binnen-Kommunikation repräsentiert. Denn Gesinnungs- und Kampforgane richten gleichermaßen ihre agitierende und kämpferische Publizistik vor allem nach dem sozialen *Außen*, das heißt nach der umgebenden Gesellschaft hin, in und aus welcher der eigenen Gruppe Gefolgschaft gewonnen und in der politische und publizistische Gegner und Rivalen widerlegt, angegriffen sowie nach Möglichkeit politisch, intellektuell und moralisch „erledigt" werden sollen. Zumindest für die Kampfpresse ist es typisch, daß dabei als Hauptfeind nicht etwa die extrem anders meinenden Gruppen und ihre Repräsentanten aufs Korn genommen werden, sondern mehr noch die überzeugungsmäßig und politisch am engsten benachbarten Parteien, die ja tatsächlich die Hauptkonkurrenten im Kampf um die Gunst der Gefolgsleute oder der Wähler darstellen.

Gleichzeitig – und das ist politisch ebenso wie kommunikationswissenschaftlich viel bedeutungsvoller – repräsentieren Gesinnungs- und Kampfzeitungen auch echte soziale Teil-Kommunikation, freilich in einem ganz anderen Sinn, als dies etwa im Sensationsblatt geschieht:

---

20 Zitiert nach »Zeitungswissenschaft«, Nr. 2, 1933, S. 66.

Stellt sich in letzterem eine „Universalität" des Endothymen – als eines Teil-Elements der menschlichen Organisation – dar, das als teilkommunikative Komponente nach Befriedigung und Ausdruck in *jedem* Menschen drängt, so repräsentiert und manifestiert die Gesinnungs- und Kampfzeitung Wollen und Gesinnung lediglich bestimmter *Ausschnitte* der Menschengesellschaft, also von *Gruppen* aller Art, von der Mehrheitspartei(ung) bis zur extremen Minorität; deren (vom Ganzen der Gesellschaft her gesehen) ideologisch ausgerichtete „einseitige und einsinnige" Kommunikation konzentriert sie. Demgemäß herrscht in dieser Zeitung eine „Universalität" der vom Standpunkt der eigenen Idee und der eigenen Interessen aus gesehen aktuellen Tatsachen und Meinungen.

In diesem sozialen Binnenraum hat die Gesinnungs- und Kampfzeitung also in der Regel durchaus repräsentative Valenz. Das gilt nicht nur politisch; denn insofern bezieht sich das Blatt unter Umständen ausschließlich auf die von ihm repräsentierte Organisation. Wesentlicher ist die allgemein kommunikative Valenz; denn diese Repräsentanz bezieht auch alle diejenigen Gleichmeinenden mit ein, die der Organisation, etwa einer Partei, (noch) fernstehen, die vielleicht sogar die Zeitung (bislang) noch nie zu Gesicht bekommen haben, die aber von sich aus aufgrund ihres Schicksals, ihres Milieus, ihrer Bildung und so weiter gleiche oder ähnliche Ideen und Interessen vertreten. Wen solche Verwandtschaft auszeichnet, der kann daher die ideologische Kommunikations-Konzentration der betreffenden Zeitung als sich selbst „aus der Seele gesprochen" oder geschrieben identifizieren und empfinden.

Aus diesen Gleich- oder Ähnlich-Meinenden setzen sich die potentiellen Gefolgschaftsreserven, öfter aber Wählerreserven solcher Gruppen zusammen. Sie stellen gleichzeitig eine latente Leserreserve der Gesinnungs- und Kampfzeitung dar, sind aber nur schwer und nur unter ganz bestimmten Umständen zu mobilisieren, also zum Kauf und zur Lektüre zu veranlassen. Denn obwohl die echte Kommunikations-Repräsentanz dieser Blätter unbestreitbar ist, bieten sie doch eben nur einen Ausschnitt aus dem Insgesamt der Sozialen Zeit-Kommunikation, einen Ausschnitt, der eben bei weitem nicht *alle* kommunikativen

Bedürfnisse selbst eines extrem fanatisierten Gesinnungsgenossen zu befriedigen vermag. So haben denn alle extremen Kampforganisationen die Erfahrung machen müssen, daß die Leserzahl ihrer Organe ganz beträchtlich unter der Zahl der organisierten Genossen lag, ganz zu schweigen von der Zahl ihrer Wähler oder Sympathisanten. Sozialistische, kommunistische und ebenso auch nationalsozialistische Anhänger haben eben deshalb auch ganz selbstverständlich bürgerliche oder liberale, ,,universelle" Informations-Zeitungen abonniert und gelesen sowie daneben – sofern sie es zur Ergänzung überhaupt heranzogen – mit der Abonnementsgebühr für ihr Parteiblatt allenfalls der notleidenden Parteikasse einen Obolus zukommen lassen wollen.

Anders verhält es sich, wenn sich Gesinnungs- und Kampfblätter formieren, die – ohne eine Organisation im Rücken – Inhalte manifestieren, welche in der öffentlichen Zeit-Kommunikation *tabuisiert* sind. Es sind dies im totalitären Staat Produktionen des verbotenen oder verfolgten ,,Untergrunds", Blätter, die in hektographierter Form verstohlen von Hand zu Hand wandern oder als Flugblätter nachts an frequentierten Orten hinterlegt werden: Sie beleuchten die etablierte, alleinseligmachende ,,Wahrheit" des totalen Herrschaftssystems; sie ,,verraten" die vom Regime unterdrückten Informationen; sie greifen die Repräsentanten des Systems und deren Praxis an; und schließlich agitieren sie auch für ihre eigene Überzeugung.

Tabuisierung geschieht aber auch in offenen, demokratischen Mediensystemen immer dann, wenn universelle Informationsmedien kommunikative Restriktion und ,,Manipulation" zu Lasten solcher Tatsachen und Meinungen üben, die ihnen politisch oder ideologisch nicht oder wenig konvenieren. Die auf allseitig-journalistische Vermittlung angelegten, sozialen Informationsmedien verfahren dann tendenziös publizistisch: Sie nehmen, aus welchen Gründen auch immer, in diesen Fällen schädlich erscheinende Nachrichten und Kommentare aus der journalistischen Vermittlung heraus und unterdrücken oder verfälschen sie. Auf diese Weise werden formelle oder informelle Gesinnungskreise der Gesellschaft in der Manifestation der Sozialen Zeit-Kommunikation unterrepräsentiert oder überhaupt nicht mehr repräsentiert. Das ist dann die Stunde der Gesinnungszeitungen oder auch der

Kampfzeitungen, die sich der Manifestation des moralischen, politischen oder ideologischen Unbehagens der in ihren Kommunikationsmöglichkeiten beschnittenen Kreise annehmen und dann oft in kürzester Frist eine nicht unbedeutende Leserschaft um sich sammeln können.

Die vielfach und nicht zuletzt in Journalistenkreisen vertretene Auffassung, daß sich Gesinnungs- und speziell Kampfzeitungen durch bloße Propaganda, durch Hetze oder Demagogie bei naiven Gemütern unkontrollierten oder unwiderstehlichen Einfluß und somit in der Gesellschaft unaufhaltsam politische oder weltanschauliche Gesinnungsgefolgschaft verschaffen könnten, ist psychologisch, sozialpsychologisch und auch zeitungswissenschaftlich nicht zu halten. Richtig ist vielmehr, daß sich Leser um jene Manifestation sammeln, die sie im Ganzen oder doch in entscheidenden Teilen als exakt *ihre* kommunikative Repräsentation erkennen und anerkennen. Seine Entsprechung findet dieser Tatbestand in einem verwandten Vorgang, demzufolge kein einziger rechts-konservativ gesinnter Leser durch ein links-liberal gesonnenes Lokalblatt in seiner Überzeugungstreue zu erschüttern ist – im Gegenteil.

Soviel jedenfalls ist aus derlei Beobachtungen abzulesen: Dem Gesinnungsblatt und speziell dem Kampfblatt ist der Gesinnungsleser *vorgegeben*; als öffentliche Kommunikations-Manifestation seines eigenen Denkens und Wollens ist diese notwendig *später* da; und ohne die sichernde, ökonomische Basis einer Organisation ginge sie in kürzester Frist an Leser- und Finanzdefiziten ein, wäre nicht ein Kreis von Menschen an der Vermittlung speziell *dieses* Wissens und Meinens interessiert und bereit, für diese Dienstleistung entsprechende Aufwendungen zu machen. Mit anderen Worten: Sie halten, kaufen und lesen diese bestimmte Zeitung, um deren ,,Einseitigkeit" sie genau wissen, gerade wegen dieser ,,Einseitigkeit"; denn diese ist *Ergänzung* ihrer sonst mehr oder minder universalen Informationszeitung.

11. Gesellschaftsplenum ohne Medien

Keine Macht der Welt, auch kein totalitärer Staat, ist in der Lage, Empfindungen und Gedanken des Menschen zu unterbinden. Gedanken sind frei! Und erst recht kann keine offene, demokratisch verfaßte Gesellschaft einen Menschen rechtens daran hindern, seiner eigenen Überzeugung rückhaltlos Ausdruck zu geben, sein personales Selbst darzustellen – nicht nur im stillen Kämmerlein, sondern auch in der öffentlichen Repräsentation und Präsentation der Sozialen Zeit-Kommunikation. Deren plurale Struktur ist Voraussetzung und Folge der pluralistischen, demokratischen Gesellschaft. In dieser zeitigt die Fülle der modernen sozial-kulturellen Gebilde, Bestrebungen und Beziehungen mit Selbstverständlichkeit disparate Auffassungen und Gruppen, die alle ein unbestreitbares Recht haben, in der Gesellschaft *kommunikativ* vertreten zu sein. (Die Frage einer *politischen* Organisation steht auf einem ganz anderen Blatt.) Nach den Prinzipien der demokratischen Presse- und Meinungsfreiheit besitzen sie auch das unbestreitbare Recht, sich eigen-repräsentative Medien zuzulegen, wenn sie sich in den sozialen Zeitungs-Institutionen ,,unterdrückt" wähnen.

Sicherlich: Zum Wesen der ,,Richtung" gehört die Einseitigkeit und Einsinnigkeit, die sich in öffentlichen Medien auf Kosten der Universalität der Tatsachen und Meinungen breitmacht. Aber von dieser Einseitigkeit und Einsinnigkeit droht der Demokratie keine Gefahr. Denn nur der totalitäre Staat vermag *alle* Zeitungen zu Gesinnungsorganen *eines* Geistes und speziell *einer* Tatsachen-Gegenwelt umzufunktionieren; und selbst dem totalitären Staat ist dies nur kraft seiner Machtmittel möglich, weil er allein mit seiner gleichgeschalteten Publizistik dies vollständig nicht herbeiführen könnte. Daher kann unter normalen Bedingungen keine Rede davon sein, daß der Demokratie aus einsinniger Gesinnungspublizistik irgend ein Schaden erwachsen würde. Gesinnungspublizistik nämlich findet leicht ihre Korrektur in den zahlreichen Komplementärmedien – wenn nur die Fakten dazu angetan sind. Das freilich ist Sache demokratischer Politik, nicht aber der Kommunikation oder der Medien.

Gefahr jedoch droht der Demokratie dann, wenn die Soziale Zeit-Kommunikation als ungeteiltes Ganzes unterrepräsentiert, das heißt: unvermittelt bleibt und das demokratische Gesellschaftsplenum keine sozial-universalen Medien vorfindet, um im allseitigen Austausch der Tatsachen und Überzeugungen jene am Allgemeinwohl orientierten politischen Kompromisse zu finden und zu schließen, welche die Demokratie tragen und programmieren. Genau das aber verhindern jene prinzipiell universell und überparteilich angelegten oder deklarierten Medien, die aber gegen ihre soziale Vermittlungsfunktion verstoßen, indem sie aus einer bestimmten – regulär „demokratisch engagierten" – Erziehungsintention heraus gewisse (etwa „kommunistische" oder „faschistische") Tatbestands- und Meinungsgruppen tabuisieren oder „verschönen", es also für demokratisch wirksam und politisch heilsam halten, wenn der Leser über manche Vorgänge im „undemokratischen" Lager falsch oder gehässig oder – noch besser – gar nicht unterrichtet, beziehungsweise umgekehrt über solche im „demokratischen" Lager nur mit positiver Tendenz orientiert wird. Damit verfallen soziale Informationsmedien dem Fehler publizistischer Einseitigkeit, den sie der Gesinnungspresse – zu Unrecht – ankreiden; denn nicht bei der Gesinnungspresse, sondern ausschließlich auf ihrer Seite vermag sich die Strategie der Einseitigkeit sozial-kommunikativ ebenso wie politisch in verhängnisvoller Weise auszuwirken: Sie nämlich züchten Mißtrauen in die Überparteilichkeit ihrer Vermittlung oder Unbehagen an dem – wirklichen oder scheinbaren – undemokratisch-parteiischen Verhalten der Legislative, Exekutive oder Judikatur oder beides zugleich. Diese Unsicherheit greift auf Leserkreise über, die ganz gewiß nicht als Gesinnungsgenossen irgendwelcher radikaler Gruppen gelten können. Sie dehnt sich notwendig auf die gesamte Vermittlung aus, deren „Objektivität" überhaupt in Frage gestellt wird; denn nach landläufiger Auffassung „lügt" immer, wer auch nur in gewisser Hinsicht die „Wahrheit" manipuliert. Medien sozialer Information, die unter der Decke publizistisch einseitig agieren, provozieren – ganz allgemein gesagt – erste Schritte in Richtung eines staatsbürgerlichen Unbehagens, das primär den Untergang der ersten deutschen Republik verursachte. Im besonderen aber treiben sie den Leser – und nicht nur den ideologisch radikal fixierten und unmittelbar betroffenen

Interessenten – der Gesinnungs- und speziell der Kampfpresse in die Arme, die nun als komplementäre Orientierungsquelle unentbehrlich wird.

Es war die umfassende soziale Kommunikations-Manifestation in den Jahren nach 1945, die in der Bundesrepublik (wie zuvor schon in anderen demokratischen Ländern) einen rapiden Schwund der reinen Gesinnungspresse und ein nahezu völliges Verschwinden ausgesprochener Kampfzeitungen bewirkte. Solche Blätter führten, im Gegensatz zu den Jahren vor 1914 oder zwischen 1918 und 1933, ein Winkeldasein. Diese Entwicklung vollzog sich parallel zur zunehmend universal-vermittelnden Kommunikationsfunktion der Informationszeitungen, nicht zuletzt aber auch dank der relativen Universalität der öffentlich-rechtlichen Hörfunk- und Fernsehprogramme.

Diese außerordentlich positive, weil sozial-kommunikativ und politisch „regelnde" Entwicklung scheint in der Bundesrepublik in jüngster Zeit in gewissem Umfang abgestoppt. Hans Küffner, Leiter der Abteilung Inland im Presse- und Informationsamt der Bundesregierung, stellte in einem Interview fest, es sei „unbestreitbar (..), daß in einem Teil unserer Presse das Streben nach vollständiger Information zurücktritt hinter dem Wunsch, zu allererst zu zeigen, wo man selbst steht"[21]. Das betrifft genau die angedeutete Befürchtung. Zudem sind in diese Trendwende Themenbereiche einbezogen, die im obigen Zitat gar nicht primär angesprochen sind. Wesentlich ist, daß die volle Repräsentation der Sozialen Zeit-Kommunikation in den tendenziell universalen Informationsmedien eine deutliche Einbuße erfahren hat und möglicherweise zunehmend weiter erfährt.

Die erschreckenden Folgen von kommunikativer Vermittlungs-Restriktion und -Manipulation lassen sich unschwer einer vergleichenden Betrachtung von Inhaltsstrukturen des Großteils der universalen Informationsblätter auf der einen sowie statistisch-repräsentativen Umfrageergebnissen des Allensbacher Instituts für Demoskopie auf der anderen Seite entnehmen. Während zu den jeweiligen Themenbereichen auf

---

21 Zitiert nach »Schweitzer-Dienst«, 16/1968.

Seiten der Informationspresse ganz eindeutig publizistisch-einsinnige Einwirkung mit der Intention „demokratischer Erziehung" zu konstatieren ist, zeigen die Umfrageergebnisse die im folgenden wiedergegebenen Bilder der „Öffentlichen Meinung", das heißt hier: der effektiven Meinungsverteilung in der Gesellschaft[22].

Auf die Frage:
„Welchen dieser Forderungen stimmen Sie voll und ganz zu?"
wurde im Dezember 1966 wie folgt votiert:

„Es sollte nicht immer nur von den deutschen Kriegsverbrechern geredet werden. Man sollte auch einmal dagegenrechnen, was die anderen für Verbrechen begangen haben."	58 Prozent
„Die Deutschen müssen Volk und Vaterland wieder lieben lernen."	52 Prozent
„Niemandem soll man heute noch vorwerfen, daß er im Dritten Reich in der Partei war."	52 Prozent
„Die deutsche Jugend muß zur Vaterlandsliebe erzogen werden."	49 Prozent
„Mit der Wiedergutmachung an die Juden sollte endlich Schluß gemacht werden, die haben schon zuviel bekommen."	46 Prozent
„Man sollte jetzt, 20 Jahre nach dem Krieg, endlich aufhören, die Kriegsverbrecher zu verurteilen."	46 Prozent
„Wir dürfen niemals auf die deutschen Ostgebiete verzichten, die jetzt unter polnischer Verwaltung stehen."	41 Prozent
„Die deutsche Politik soll sich freimachen von westlicher Bevormundung."	35 Prozent

---

22 Umfrageergebnisse zitiert aus: Elisabeth Noelle/Erich Peter Neumann (Hrsg.): Jahrbuch der Öffentlichen Meinung. Band IV: 1965-1967. Allensbach/Bonn 1967.

Die Frage

„*Manche Leute sagen, wer während des Krieges vom Ausland aus gegen Hitler gearbeitet hat, soll heute kein hohes Amt in der Regierung haben. Was ist Ihre Ansicht dazu?*" erbrachte (im Februar 1967) folgende Meinungsverteilung:

Sollte kein hohes Regierungsamt haben	23 Prozent
Könnte ein hohes Regierungsamt haben	29 Prozent
Kommt auf den einzelnen an	31 Prozent
Unentschieden, kein Urteil	17 Prozent

Im Zusammenhang mit der Entführung Eichmanns durch israelische Stellen wurden im August 1961 einschlägige Fragen wie folgt beantwortet[23]:

	richtig:	falsch:	unentsch.:
„Ich finde, daß man das deutsche Volk in dieser Angelegenheit verteidigen und nicht nur Entschuldigungen vorbringen sollte; viele Menschen wußten gar nichts davon."	72 %	11 %	17 %
„Das, was die Kommunisten heute tun, ist ebenso schlecht oder noch schlechter als das, wofür Eichmann angeklagt ist."	61 %	17 %	22 %
„Man muß berücksichtigen, daß viele Menschen litten und starben in dieser Zeit – nicht nur in den KZs."	59 %	22 %	19 %

---

23 Die beiden folgenden Fragen sind zitiert aus: Elisabeth Noelle/Erich Peter Neumann (Hrsg.): Jahrbuch der Öffentlichen Meinung. Band III: 1958-1964. Allensbach 1965, S. 225 ff.

„Andere Länder griffen in jenen Tagen nicht ein; sie waren davon nicht so sehr erschüttert, wie sie die Leute glauben machen wollen." 55 % 13 % 32 %

„Alles ist furchtbar übertrieben, und diese Übertreibungen sind teilweise nur Propaganda und Vergeltung." 31 % 39 % 30 %

Und schließlich Antworten auf die Frage:
„*... ob Sie sich selbst als Deutscher irgendwie mitschuldig fühlen an den Judenverfolgungen – was würden Sie sagen?*"

Fühle mich nicht mitschuldig	88 Prozent
Zum Teil, bleibt an uns hängen	2 Prozent
Fühle mich mitschuldig	6 Prozent
andere oder keine Antwort	4 Prozent

Wohlgemerkt: Der Zeitungswissenschaftler hat kein ethisches, logisches oder politisches Urteil zur Qualität dieser Meinungsverteilung; er kann sie nur als kommunikatives Faktum verzeichnen, das heißt als effektiv den Medien vorgegebenes, quantitativ bedeutendes Element der Sozialen Zeit-Kommunikation feststellen und zur Vermittlungs-Leistung der Medien in Beziehung setzen. Dann aber kann er nur die vorher geäußerte Befürchtung bestätigen, daß die überparteiliche Repräsentation der in der Bevölkerung weithin vertretenen Einstellungen offensichtlich in den universalen Medien erhebliche Lücken aufweist: Die fraglichen Einstellungen werden – aus welchen Gründen auch immer – nachrichtenpolitisch manipuliert oder ganz unterdrückt oder meinungsmäßig nicht repräsentiert, sondern einsinnig bekämpft. Dem Austausch der Überzeugungen sowie der kommunikativen Annäherung ist auf diese Weise der Boden entzogen.

In den sogenannten „rechtsextremen" Kampfblättern dagegen ist auf diesem Felde kommunikative Repräsentanz in einem Ausmaß ablesbar, daß sich der unbefangene Betrachter fragen muß, ob (erstens) ihre Inhaltsgestaltung nicht etwa erst auf Grund der Kenntnis solcher Umfrageergebnisse erfolgte (wobei eine bejahende Antwort nicht das geringste an dem repräsentativen Charakter dieser Inhalte ändern würde), und ob (zweitens) auf Grund dieser sozialen Meinungsverteilung überhaupt von ,,Radikalität" und ,,Extremismus" solcher Blätter die Rede sein kann, da ja die extremen Minoritäts-Positionen gerade von Medien ganz anderer Couleur eingenommen werden.

Das Bundesministerium des Innern hat im Jahresbericht ,,Rechtsradikalismus in der Bundesrepublik 1963"[24] die dargelegte Kommunikations-Repräsentanz ,,rechtsradikaler publizistischer Tätigkeit" ausdrücklich bestätigt, wenn es feststellt, daß ,,gewisse nicht organisationsgebundene Zeitschriften und Verlage (..) allgemein interessierende politische Themen wie die Kriegsschuldfrage, die Anliegen der Heimatvertriebenen, die vermeintlichen oder tatsächlichen Kriegsverbrechen der ehemaligen Feindmächte oder die Kulturpolemik gegen zeitgenössische Strömungen in Literatur und bildender Kunst geschickt ausbeuten und simplifizierend darstellen". Aber es verkehrt Ursache und Wirkung im Prozeß der Sozialen Zeit-Kommunikation und seiner Manifestationen, wenn es – gestützt auf ideologisch-politische Vorstellungen und Ängste – befürchtet, solcher Publizistik könnte es dadurch ,,gelingen, Bevölkerungsschichten für rechtsradikale Vorstellungen zu gewinnen, die an sich diesem Gedankengut nicht oder nicht mehr aufgeschlossen sind".

Das Ministerium bezieht die – hoffnungslose – Position der Gegenpublizistik, wenn es derartige Mehrheitsüberzeugungen als ,,rechtsradikal" abklassifiziert, damit einen im Prozeß der Meinungsbildung ebenso unsinnigen wie undemokratischen ,,Wahrheits"-Anspruch erhebt und gleichzeitig die – schon bisher mit schlechtestem ,,Erfolg" praktizierte – Abwehrformel propagiert, es sollten die an der öffentlichen Meinungsbildung beteiligten Einrichtungen ,,jedem Eindringen derartigen Gedankenguts in das Bewußtsein der Wählerschaft und vor

---

24 Vgl.»Aus Politik und Zeitgeschichte«, Bd. 26/1964, S. 21.

allem der Jugend durch aufklärende Maßnahmen" entgegenwirken, um damit dessen „unheilvollem Einfluß auf die Bewußtseinsbildung den Boden zu entziehen". So einfach also ist nach dieser Auffassung Meinungsbildung und damit Demokratie zu bewirken, wenn nur die berufenen „Meinungsmacher" die unmündigen Massen (vom griechischen μασσειν, das „kneten", „walken" heißt) mit den „richtigen" Inhalten bearbeiten oder umgekehrt das „falsche" Gedankengut von ihnen sorgsam fernhalten!

Diese Auffassung ist so falsch wie die Wunschvorstellung, mit dem Verschwinden oder mit dem Verbot der als „radikal" eingestuften Manifestations-Medien allein könnte solches „Gedankengut" aus den Köpfen der Menschen und damit aus der Sozialen Zeit-Kommunikation eliminiert, mindestens jedoch an der weiteren Ausbreitung gehindert werden.

Das Gegenteil ist wohl richtig. Dieses Gedankengut – wem immer es „gefällt" oder nicht – ist vorhanden und virulent. Es ist nicht mehr und nicht weniger „demokratie-gefährdend" als jedes andere Gedankengut, das nicht öffentlich in aller Freiheit und mit allem Freimut bis zum Ende ausdiskutiert, sondern mit kommunikations-feindlichen Mitteln unterdrückt wird. Tatsächlich nämlich ist die Lösung solcher Probleme abhängig vom Funktionieren der universal-kommunikativen, journalistischen Vermittlungsinstanzen: Diese allein könnten durch Aufhebung der kommunikativen Isolation einzelner Überzeugungsgruppen, das heißt eben durch die *volle* Repräsentation der Sozialen Zeit-Kommunikation jene Begegnung mehr oder minder zerstrittener Zeitgenossen vermitteln, die unter Hinzutritt geistiger Gehalte einen wahrhaft demokratischen Ideen- und Interessenausgleich anbahnt. Das aber meint vor allem, daß sich die Publizisten in den universalen Informationsmedien aus den politischen Anklägerrollen heraushalten und wieder in die ihnen gemäßen journalistischen Anwaltsrollen zurückbegeben. Von deren Existenz und Funktionieren hängen Wohl und Wehe der Sozialen Zeit-Kommunikation ab, damit aber auch Wohl und Wehe der Demokratie.

II. Überschriften

Zur Transformation
von Lautsprache in Druck-Schrift-Sprache

Mitteilung besitzt als kommunikatives Handeln des ganzen Menschen notwendig dessen geistig-körperliche Struktur. Deren ungegenständlich-geistiges (und eigentliches) Element ist die ‚Bedeutung', die unmittelbar auf Bewußtseinsinhalte des Mitteilenden hinweist, diese vertritt. Ihr gegenständlich-körperliches Element und Komplement ist der von den Sprachorganen des Mitteilenden geformte Laut, der als akustisches Signal geäußert und als entsprechender Sinnesreiz vom Hörer aufgenommen, als Träger einer ‚Bedeutung' erkannt, das heißt ins Geistige, und zwar in eigene Bewußtseinsinhalte, rückübersetzt wird. In jedem Falle löst die entschlüsselte Bedeutung im Hörer eine innere Reaktion aus, die allerdings (je nach momentaner oder dauernder Stimmung, Erfahrung, Bildung usw.) variabel und auch mehrdeutig, den Bewußtseinsinhalten des Sprechers gleich, ähnlich oder ganz entgegengesetzt sein kann.

1. Struktur und Funktion der Zeichen

Bedeutung und Lautsignale zusammen bilden als geistig-körperliche Einheit das sozial verabredete Laut-, Wort- oder Satz-‚Zeichen' im Mitteilungsmedium ‚Sprache'. Weil keine Mitteilung der natürlichen Körperlichkeit entraten kann, können nun aber auch Dinge, vom Menschen planmäßig geformte Stoffe, sogenannte Kulturdinge, die Vermittlung der Mitteilung übernehmen, so etwa die mittels Stift auf Papier gezeichneten künstlichen Medien ‚Schrift' und ‚Bild'. Sie sind auf optischen Signalen beziehungsweise Reizen beruhende und mit sprachlich-geistiger Bedeutung aufgeladene Zeichen ikonischen Charakters, insofern es sich bei der Schrift um Bildkürzel handelt.

Bei der Schrift unterscheiden wir elementare Zeichen wie die einzelnen Buchstaben, die den Laut repräsentieren, und deren Kombinationen nach aufsteigenden Graden wie schriftliche Worte, Sätze, Abhandlungen und so weiter. Entsprechend gliedern sich die Bildzeichen in solche einfacher Art wie Striche, Flächen, Satzzeichen und so weiter, die Signale zur optischen Verweisung, zur Lenkung der Aufmerksamkeit darstellen und keine eigene inhaltliche Bedeutung haben, vielmehr die Bedeutung einer Bedeutung, deren besonderes Gewicht anzeigen. Diesen Tatbestand kennen wir auf sprachlicher Ebene als Betonung, Lautstärke, Tonfall und so weiter. Kombinationen von Bildzeichen sind die eigentlichen Bilder, die einen Gegenstand abbilden, mit ihm weitgehende äußere Ähnlichkeit aufweisen, so daß sich eine Bedeutungsverschlüsselung fast ganz erübrigt. Das ‚Erkennen' wird dadurch außerordentlich erleichtert und ist sogar Analphabeten und einer Sprache nicht Mächtigen möglich. Mit zusätzlicher Bedeutung dagegen sind sogenannte Tendenzbilder – wie etwa Karikaturen, Fotomontagen und ähnliche – versehen.

Alle diese – Bedeutung vermittelnden – Zeichen konstituieren den Inhalt der Zeitung, eines technologisch geplanten und konstruierten Mitteilungs-Mediums höheren Grades. Da alles, was mit Bedeutung belegt ist, ‚informiert', sind diese Zeichen spezielle Informationsträger im Rahmen des allgemeinen – gesellschaftliche Mitteilungen vermittelnden – Informationsträgers Zeitung.

Welche Transposition erfahren die von Hand verfertigten Schriftzeichen im Raum der Druckschrift ‚Zeitung'? Sie betrifft – kurz gesagt – nur *Äußerliches*.

Die elementaren und kombinierten Handschrift-Zeichen werden im typografischen Verfahren mittels Lettern und Druckerschwärze vieltausendfach Papierbögen aufgeprägt und zur Druckschrift gestaltet, die aber nur wieder die der Sprache und Handschrift identische Bedeutung vermittelt. Das Nämliche gilt für die einfachen und kombinierten Bildzeichen; letztere werden in chemografischen und/oder fotochemischen Verfahren mittels Bildklischees oder Folien in Druck-Bilder, Druck-Zeichnungen oder Druck-Fotos umgewandelt.

Eine besondere Rolle spielen in der viele Inhalte, große Stoffmassen verschiedenster Thematik vermittelnden Zeitung die einfachen, elementaren Bildzeichen. Sie üben Hinweisfunktionen aus, haben Verweisungscharakter zur Lenkung der Aufmerksamkeit und der Beachtung beim Leser. Sie sind in der auf Gliederung und Ordnung, auf optische Übersichtlichkeit und inhaltliche Bedeutsamkeit hervorhebenden Gestaltung, kurz: auf die ‚Aufmachung' des Stoffes angewiesenen Zeitung unentbehrlich.

Da werden zum Beispiel – analog der sprachlichen Betonung und der handschriftlichen Unterstreichung – sehr fette und unter Umständen auch farbig gedruckte Balken unter Schlagzeilen oder neben Texte gesetzt, um diese aus dem Gesamtbild der (ersten) Zeitungsseite optisch herauszustellen und damit der Aufmerksamkeit des Lesers besonders zu signalisieren. Oder es werden mit der Verwendung von bunten Farben (speziell Rot, seltener Blau) oder auch mittels großer und kleiner weißer Flächen (z. B. Sperrungen, Durchschuß) Licht-Kontrastwirkungen erstrebt. Linien verschiedener Stärke grenzen Spalten ab, schließen Artikel oder lassen Texte als ‚Kästen' hervortreten. Verzierungen, Einfassungen, Vignetten und dergleichen dienen mehr Schmuckzwecken und finden vor allem im Anzeigenteil Verwendung.

Schließlich werden wichtige Texte, oft auch der ‚Vorspann' einer Meldung oder eines Artikels, durch größere, auch halbfette oder fette Schriftgrade betont, während die den Inhalt eigentlich gliedernden und anzeigenden Überschriften in noch größeren Titelschriften, die ‚aufmachenden' Schlagzeilen bisweilen sogar in riesigen Plakatschriften gesetzt werden.

Alle diese und andere Zeichen vermitteln zwischen den Expedienten und den Rezipienten der Zeitung Informationsgehalte der Themen und ihrer ‚Gewichte', deren ‚Bedeutungen' den geistigen Zustand der jeweils individuellen Rezipienten (möglicherweise aber auch der ganzen Leserschaft oder sogar der Gesellschaft) verändern. Wie, in welche Richtung, das ist allenfalls in Einzelfällen zu schätzen, im ganzen aber wissenschaftlich bislang nicht feststellbar.

An dieser nicht determinierten Reaktion des Lesers haben selbstverständlich auch die gewichtenden Zeichen (Größe der Überschriften, Farben, Balken usw.) ihren Anteil, sei es auch nur lektüre-steuernder Art. Wie groß dieser sein mag, ist so schwer abzuschätzen wie bei den Schallformen des Gesprochenen, die in der Rede, im Gespräch ganz ohne Zweifel von hoher Wirksamkeit sind. Auch diese Wirksamkeit aber läßt sich nicht quantifizieren.

Mehr läßt sich dagegen über die ablesbaren und inhaltlich erfaßbaren Gewichtungen im Hinblick auf den oder die Expedienten sagen, da sich in ihnen – neben den veröffentlichten (aber nicht minder den verschwiegenen) Inhalten selbst – ein gutes Stück ‚Zeitungspolitik' darzustellen pflegt. Diese kann allerdings erst durch sorgfältige Analyse aller einschlägigen sachlichen und persönlichen Faktoren ermittelt werden, unter Berücksichtigung auch der Kommunikations-Umwelt, die hier oft eine größere Rolle spielt als die politisch-publizistischen Interessen des Expedienten.

2. Probleme der Transformation

Das technologische Grundproblem der Druckschrift Zeitung ist nach dem vorstehend Ausgeführten die unverkürzte Transformation des ‚publiken Sprechens' in ‚publike Druckschrift-Sprache'. Es gilt also, die lebendig-flüchtige akustische Lautgestalt der gesprochenen Sprache umzusetzen in die technisch fixierte, daher dauernde und transportable visuelle Bild-(Kürzel-)Gestalt der tausend- oder gar millionenfach identisch reproduzierbaren Druckschriftsprache, ohne daß das sozial eigentlich zu Vermittelnde (nämlich geistige Bewußtseinsinhalte, Gedankengänge der Menschen) durch diesen Wechsel der ‚Verkörperungen' Einbußen erleidet.

Mit anderen Worten: der (unmittelbar psychisch-geistige Aktion oder Reaktion der Persönlichkeit ausdrückende) Laut der gesprochenen Sprache, der sich nicht nur hinsichtlich der Inhalte und in der sprachlichen Gestalt, sondern auch in der ‚Schallform des Gesprochenen' darstellt, wird in der (Druck-)Schrift-Sprache zur Stummheit verurteilt. Ist Sprechen eins mit Tonfall, Geste und Situation, so ist Geschriebenes, Gedrucktes zumal, zunächst einmal losgelöst von alledem. Daher muß, soll das Eigenleben des Gesprochenen in das (Druck-)Schriftwort so hineingelegt werden, daß die tote Schriftsprache wieder zur lebendigen Stimme wird, die Wortsprache für das Ohr mit Hilfe geeigneter visueller Zeichen in eine Wortsprache für das Auge umgewandelt werden.

Mündliche und schriftliche Sprache, die unter ungleichen Bedingungen und mit andersartigen Mitteln in Erscheinung treten, fordern somit verschiedene Techniken. Das gesprochene Wort fügt seinem Begriffsgehalt die ganze reiche Skala ausdruckswertiger musischer Elemente wie Sprachmelodie, Akzentuierung und so weiter bei. Es kann sachlich referierend, befehlend, leidenschaftlich ergriffen, ironisch, pathetisch und nach vielem anderen mehr klingen, je nach Situation, Atmosphäre und Persönlichkeit des Partners. Die Betonung beim Sprechen trägt ganz erheblich zur Verdeutlichung dessen bei, was der Sprecher ausdrücken will, ganz besonders dort, wo er sich als Redner an eine Menge wendet, gleichsam an ein Überpersönliches, das ihm auf die Dauer nur dann willig sein Ohr leiht, das heißt: ihm das Wort verleiht, wenn er es nicht nur anspricht, sondern ihm zugleich auch in seiner Rede Ausdruck gibt.

Aber die Voraussetzung dafür, daß der Redner, noch bevor er verstanden wird, von der Menge gehört wird, ist doch, daß er zunächst seine Stimme erhebt, daß er notfalls schreit, um sich Gehör zu verschaffen, und zwar in der Regel umso lauter, je gewichtiger sein eigenes Anliegen, je bedeutsamer das Mitzuteilende für die Menge ist oder ihm doch wenigstens zu sein scheint.

Entsprechend der reichen Ausdruckskala, welche Lautstärke und Betonung dem Sprechenden liefern, bietet sich dem Schreibenden die Chance der sichtbaren Gestaltung des Wortes, sei es durch Einfügung von Satzzeichen, durch Unterstreichung, durch Fett- und Großschreibung sowie durch Sperrung von Wörtern, durch Verwendung von Farbe und ähnlichem.

All dies gilt in verstärktem Maße von der Transformation des gesprochenen und geschriebenen Wortes in das gedruckte Wort im Raume der Zeitung, die ja Manifestation der Sozialen Zeit-Kommunikation ist oder doch Einwirkung auf diese bezweckt. Als eine solche Manifestation ist Zeitung notwendig ganz und gar dem verhaftet, was in der Gesellschaft und in ihren Gruppen jeweils ‚aktuell', was reales Tagesgespräch (und vielleicht morgen längst vergessen) ist. Ihre Inhalte spiegeln dann die Stimmen und Stimmungen des Augenblicks wider und enthalten, was alle, was viele oder doch manche denken und mit Freude, aber auch mit Zorn, Unruhe, Angst oder Erwartung erfüllt. All dies vermittelt die Zeitung in der Tat. Und daher ist sie ihrem Wesen und ihrer Aufgabe nach die moderne Agora, die Stätte der Volksversammlung, wo neben der Sprache des kleinen Alltags (dem durchschnittlich automatisierten Denken, das von den alltäglichen praktischen Bedürfnissen bestimmt und nur in seltenen Fällen durch selbständige, selbstverantwortliche Stellungnahmen geleitet wird) mit Selbstverständlichkeit und Notwendigkeit etwa auch der ‚Zorn der freien Rede' laut wird und laut werden muß um demokratischer Gemeinsamkeit willen. Denn: ,,Das Wort ist dem Menschen verliehen, damit er sich ausspreche, daß er sage, was er weiß und denkt, fühlt und will, und so aus der Einsamkeit seiner Innerlichkeit in den Zusammenhang des Miteinander trete."[1]

In der Tat wird wirklich gesprochene Sprache nur selten reine Gedankeninhalte wiedergeben, sondern viel häufiger Ausdruck von Gefühlen und Absichten oder von gefühlsmäßig gefärbten Gedanken sein. Natürlich wird in dem umfassenden gesellschaftlichen Miteinander auch das abstrakte, abgeklärte Denken des Wissenschaftlers laut. Aber die Zeitung ist so wenig wie die Volksversammlung akzentuierte wissenschaftliche Lehrkanzel, der es – idealiter – um ‚theoretische' Wahrheit, um wissenschaftliches Erkennen und um Objektivität des Urteilens an sich geht. Es ist bezeichnend, daß dieses – grundverkehrte – Ideal der Zeitung von jenen am lautesten propagiert wird, die sich in praxi am wenigsten daran halten. Hier kommen vielmehr – sozial-kommunikativ zu Recht – alle möglichen weltanschaulichen und politischen Einstellungen und nicht zuletzt sehr handfeste wirtschaftliche Interessen zu Wort, und die Urteile fallen demgemäß sehr subjektiv aus, sind durchtränkt und geprägt von Gefühlen der Zuneigung oder der Abneigung, der Liebe oder des Hasses. Das bestätigt jeder Blick in die nächstbeste, ‚seriöseste' Zeitung.

‚Objektivität' im Bereich der Zeitung kann nicht wissenschaftliche Wahrheit, Gegenstandsadäquatheit, Übereinstimmung mit der Sache

---

1 Lersch, Philipp: Sprache als Freiheit und Verhängnis. In: »Geistiges München«, Heft 7, München 1947. Vgl. auch ders.: Der Mensch als Schnittpunkt. München 1969, S. 36.

als Kennzeichen wissenschaftlichen Urteilens sein und meinen, sondern allenfalls Redlichkeit und Komplettheit des Urteilens in dem Sinne, daß jeder Teilnehmer an der Kommunikation sein Wissen und seine ehrliche Überzeugung unverfälscht äußert, daß vor allem der Gesprächsleiter – der Journalist – unparteilich jedem Anwesenden, der das Wort ergreifen will, dieses Wort auch erteilt und um allseitige Vermittlung bemüht ist, oder – wenn er als ‚Publizist' beziehungsweise als ‚Redner' selber das Wort ergreift – die jeweils vertretene Gruppe nach bestem Wissen und Gewissen kommunikativ repräsentiert.

Als Manifestation sozialer Zeit-Kommunikation bzw. der Publizistik aber ist die Zeitung nur aus zwingender technischer Notwendigkeit heraus etwas Geschriebenes bzw. Gedrucktes. Sie ist in Wirklichkeit nur in Schrift beziehungsweise Druck gebanntes Mündliches, das ganz dem Augenblick, dem Heute verhaftet ist und diese ihre Qualität auch in hektisch-sensationellem Inhalt, aufgeregtem Tonfall und kurzatmigem Tempus, dem Präsens, auf jeder Seite ihres Textes dokumentiert – wenn sie eine ‚gute', das heißt lebendige Zeitung ist.

Dieser lebendige Inhalt muß notwendig seine Entsprechung im lebendigen Wortbild, in der typografischen ‚Aufmachung' finden; ja, diese hat – vom rezipierenden Leser her gesehen – jenem vorauszuliegen. Nicht allein, daß das Wortbild nicht matt, lahm und ‚neutral' sein kann oder doch sein sollte, wo Inhalt und Sprache lebendig, kräftig und engagiert sind, hat dieses im Rahmen der zahllose, potentiell ‚universale' Stoffe enthaltenden und vermittelnden Zeitung noch andere und praktisch wichtigere Funktionen; die nämlich
- des Signalements,
- der Gewichtung und
- der Ordnung und Gliederung

dieses vielseitigen und vielgestaltigen Stoffes. Wir sprechen vom Verweisungscharakter, von den Hinweisfunktionen, die elementare Bildzeichen im Wortbild der Zeitung, in der Aufmachung übernehmen.

Sie spielen damit eine außerordentlich wichtige Rolle angesichts des gewaltigen Themenkomplexes, den jeder Tag neu auf allen Gebieten sozialen Lebens und kulturellen Schaffens in weltweitem Umfang für die Zeitung präsentiert, auf der einen und der beschränkten Wahrnehmungs- und Aufnahmefähigkeit des Rezipienten auf der anderen Seite. Denn jede unserer Sinnesbetätigungen, vor allem das Sehen, sind erste Versuche, die unaufhörlich auf uns einströmenden Wahrnehmungen zu verzeichnen und damit ihrer Herr zu werden. Indem wir die Wahrnehmungen in unser Bewußtsein übertragen, beginnen wir, sie geistig zu begreifen und in sinnvolle Beziehung zu uns zu bringen, was einen beträchtlichen Energieaufwand erfordert und ein Selektionshandeln nötig macht. Nun erfassen wir mit unseren Sinnesorganen aber immer nur einen winzigen Ausschnitt der uns umgebenden Welt: Gegenstände und Vorgänge werden bloß unter ganz bestimmten Bedingungen aufgenommen. Und wie das Ohr nur auf Tonwellen bestimmter Stärke reagiert, und die Menge der Volksversammlung daher des signalisierenden Schreies bedarf, damit sie aufmerkt und ihre Aufmerksamkeit auf den Redner konzentriert, so bedarf das Auge des Zeitungslesers der Lichtreize von gewisser Größe und Intensität, die ihm in der Flut des Gewöhnlichen und Allgemeinen das Außerordentliche und Besondere signalisieren. Anders ausgedrückt: Es muß in der Zeitung – ganz anders als etwa im thematisch einheitlichen Buch – groß und dick aufgetragen werden, was gesehen werden, was ins Auge des Lesers fallen soll. Die Schrift beziehungsweise die Schriftpartikel werden – teils mit, teils ohne Hilfe anderer Zeichen – gleichsam in Freiheit gesetzt, um als ‚Blickfang' in nun nicht mehr zu übersehender, schlagender Weise referierende und wertende Inhalte im allgemeinen, deren wirkliche oder vermeintliche Bedeutsamkeit im speziellen grafisch zu signalisieren. Aber nicht allein und per se aus inhaltlichen und Bedeutsamkeitsgründen soll dieser grafische Aufmachungs-Schrei Beachtung hervorrufen und zur Lektüre anregen. Er ist auch und nicht zuletzt Mittel zum Zweck, ‚neugierig' gewordene Seher zum Kauf des Blattes anzureizen, mithin den die neuesten, sensationellen Inhalte laut ausrufenden Zeitungsjungen visuell zu ergänzen beziehungsweise zu ersetzen.

Es werden also in der Regel mit Vorrang jene Zeitungen ihre mehr oder minder echten Sensationen mittels Riesenlettern, dicken Balken, bunten Farben und so weiter an den Mann zu bringen suchen, die auf der Straße oder an den Kiosken aushängen und einzeln verkauft werden müssen, während sich Abonnementzeitungen – nicht weil sie seriöser sind, sondern friedlich-automatisch ihren Dauerlesern alltäglich ins Haus kommen, ohne einem käuferischen Selektionsprozeß zu unterliegen – mit sehr viel dezenterer Aufmachung begnügen können. Die schlagende, schreiende Aufmachung ist also vornehmlich kommerzielle ‚Waffe' der sogenannten Boulevardpresse, wobei es ganz gleichgültig ist, ob sie zur Sensations- oder Kampfpresse zählt.

Generelle, vom Zeitungstyp unabhängige Funktion der typografischen Aufmachung hingegen ist schließlich die bereits erwähnte Ordnung und übersichtliche Gliederung des thematisch ‚universalen' Stoffes, die dem Rezipienten Orientierung und Auswahl der Lektüre nach seinen speziellen Interessen erlaubt.

3. Wesen und Bedeutung der Überschrift

Alle diese technologischen Probleme der Zeitungsgestaltung, die sich dem Journalisten und seinen technischen Hilfskräften von Ausgabe zu Ausgabe neu stellen, weisen letztlich – immer wieder sei dies betont – stets zurück auf die jeweilige Funktion der Zeitung im Insgesamt der Sozialen Zeit-Kommunikation. Sie stellen sich somit primär dar als Probleme der Transformation von gesellschaftlich gesprochener Wortsprache in gesellschaftlich zu vermittelnde Druckschrift-Sprache, speziell der technischen Umsetzung des lautenden Wortklanges in das gedruckte Wortbild.

Diese Transformationsprobleme stellen sich unter identischen sozialkommunikativen Aspekten und mit unverminderter Schärfe hinsichtlich des Zeitungspartikels ‚Überschrift', die – zusammen mit Brotschrift, Bild und Umbruch – das äußere Gesicht der Zeitung prägt und in der Regel auch die publizistische Intention beziehungsweise die sozial-kommunikative Funktion des Blattes indiziert.

Die Überschrift ist
a) in materiell-typografischer Hinsicht eine ‚über Schrift' (das heißt: über den eigentlichen Text, die Mitteilung, auf die sie sich bezieht) gesetzte Schrift(zeile), die (gewöhnlich drucktechnisch be-

tont) als visueller Reiz den Blick des Betrachters einfangen und seine sensuelle Aufmerksamkeit erregen und festhalten soll, um
b) unter geistig-kommunikativem Aspekt als Kurzinformation über Inhalt und Bedeutung (Gewicht) dessen, was eigentlich mitgeteilt und vermittelt werden soll und worauf sie sich bezieht, einen raschen Überblick zu gewähren,

oder einfachhin als prägnanter Ausdruck eines Wertes oder Unwertes beziehungsweise als Interjektion Erwartungen auf einen ‚passenden' Inhalt auszulösen,

oder als bloße Anrede von Kommunikationspartnern deren Interesse für die sie betreffenden Mitteilungen hervorzurufen.

Damit ist die Überschrift zwar ein kommunikatives Gebilde, aber nicht notwendig ein ‚Satz', die grundlegende syntaktische Einheit des wort- und schriftsprachlichen Verkehrs. Sie ist vielmehr ein mit geistiger Bedeutung aufgeladenes Verweisungszeichen sui generis, dessen Struktur- und Wirkungselemente in den Blick zu fassen und zu untersuchen sind in Bezug auf
- wortsprachliche Voraussetzungen,
- technologische Umwandlung im Rahmen der Aufmachung der Zeitung,
- sozial-kommunikative Bedeutung und
- allgemeine Bedeutung in der heutigen deutschen Presse.

4. Wortsprachliche Voraussetzung der Zeitungs-Überschrift

Wo finden wir – genealogisch gesehen – im wortsprachlichen Bereich, also auf dem Feld der mündlichen Sozial-Kommunikation, der Zeitungs-Überschrift nach Erscheinung und Rolle analoge Gebilde ‚publiken' Sprechens, das heißt solche, die mit Hilfe akustischer Signale (oder Wortzeichen) die äußere Wahrnehmung und innere Aufmerksamkeit einer Rezipientenmenge (eines Publikums) auf den eigentlichen Gegenstand kommunikativer Übermittlung zu richten bezwekken, also signalisierende, gewichtende und gliedernde Verweisungsfunktionen der angedeuteten Art ausüben? Die Antwort ist nicht schwer. Die moderne Zeitungs-Überschrift findet ihre wortsprachlichen Vorläufer beziehungsweise Pendants in allen Epochen und in allen sozial-kulturellen Bereichen öffentlicher Rede und Kundgabe. Nicht Rede und Kundgabe selbst freilich sind es, die der Überschrift entsprechen (denn Rede und Kundgabe sind das inhaltlich Eigentliche, der ‚Text‘, auf den sich die Überschrift beziehungsweise das ihr Analoge bezieht), sondern das, was ihnen jeweils vorausgeht und sie ankündigt, was auf sie sensuell und geistig vorbereitet. Das ist bei der Rede, bei Vortrag und Predigt etwa zweifellos das ‚Thema‘, der ‚Hauptsatz‘ beziehungsweise der Hauptgedanke, der einer in sich geschlossenen Darstellung oder Gedankenreihe zugrundeliegt und in äußerster kommunikativer Kompression in einem Satz oder auch nur in einem Wort auf den gegenständlichen oder gedanklichen Inhalt, auf die geistige ‚Bedeutung‘ des Mitteilungsgefüges hinweist.

Dieses ‚Thema‘ ist – vom Redner aus gesehen – die Aufgabe, die er in angemessener Weise zu lösen, die Frage, die er zu stellen oder zu beantworten hat. Er hat, will er öffentlich ‚ankommen‘, dieses ‚Thema‘ als solches so anzukündigen, daß ein bestimmtes oder allgemeines Publikum davon Kenntnis erhält, aufmerkt und sich für die Anhörung der thematischen Exposition in der Erwartung oder in der festen Zuversicht entscheidet, daß mit ihr ein vorhandenes oder gewecktes Interesse befriedigt wird.

Das Wesentliche des ‚Themas‘ ist die kommunikative Kompression und die indizielle Vorwegnahme der eigentlichen Mitteilung in einer Art und Weise, die publikes Aufhorchen und Interesse für diese bewirkt. Damit wird deutlich, daß ‚Thema‘ ein im Kern rhetorisch-publizistisches, das heißt auf Wirkung, Beeinflussung oder Überredung hin angelegtes Gebilde ist, wo es jeweils publikem Sprechen vorausgesetzt wird. Weil persuasives Kommunikationselement, wird es in der Tat auch formal vielfach von rhetorischen Figuren geprägt sein.

Das aber heißt, daß sich die Formulierung des ‚Themas' mindestens im Bereich der mündlichen Kommunikation nicht auf die gegenständliche Darstellung des von ihm umschriebenen Inhalts beschränkt oder beschränken müßte, sondern daß es je nach Gegenstandsbereich und spezieller Funktion auf alle drei möglichen kommunikativen Bedeutungselemente, auf das expressive, auf das appellative und auf das darstellende[2], rekurrieren kann.

Wir haben aber guten Grund, hier ein allgemeines Vorwalten des *expressiven* und *appellativen* Elements anzunehmen: Er rührt aus der starken Affinität von ‚Thema' und ‚Bedeutung', die es beide mit Benennung, Bewertung eines Gegenstandes, einer Sache oder auch einer Person zu tun haben. Das starke *Wertmoment*, das sich in ihnen explizit oder implizit kundtut und nolens volens psychische Expression und publizistischen Appell auslöst, manifestiert sich noch stärker, wenn man sich über einen kleinen philologischen Umweg verdeutlicht, daß ‚Thema' im allgemeinen Wortverstand identisch und austauschbar ist mit ‚*Titel*' (und beide auch ihrerseits wieder austauschbar sind mit ‚Überschrift').

Titulus aber ist in der römischen Antike die *wertende Inschrift* (und diese wieder schriftsprachliche Vorläuferin der Überschrift), die – in Grab- und Denkmäler eingemeißelt – ehrend auf Personen oder Tatbestände hinwies, in pejorativem Sinn aber – um den Hals getragen – Sklaven und Dirnen kennzeichnete. ‚Titel' ist aber auch heute noch (ganz außerhalb seiner thematischen beziehungsweise überschriftlichen Funktion) einfachhin ‚Wertung' oder ‚Bedeutung'. (Die Begriffe verschränken sich immer wieder.) Er wird jemandem oder etwas zugemessen; entweder in negativer Hinsicht, zum Beispiel als Schimpfname, der einem Menschen gegeben wird, um dessen Sinnesart oder Handlungsweise brandmarkend zu kennzeichnen, oder auch mit positiver Intention, um Stellung und Rang eines Menschen in Staat und Gesellschaft zu bezeichnen.

---

2 Vgl. hierzu in diesem Band: Heinz Starkulla: Medien und Medientypen, S. 13ff.

Damit wird erneut klar, daß die wertende – auch die stark affektiv wertende – Form einem ‚Thema' keineswegs unangemessen ist, sondern im Gegenteil beim publiken Sprechen mit Rücksicht auf seine persuasive Qualität stets dominierend den abgehandelten Gegenständen angepaßt sein wird. Es macht keine Mühe, Varianten solcher thematischen Fassungen auf anderen Gebieten einschlägiger, das heißt ein Anderes, ein Eigentliches ankündigender Kundgabe auszumachen.

Da sind etwa die Ausrufer jeglicher Observanz, die κηρυκες (also die Herolde) der alten Griechen, die *praecones* (Ausrufer) der Römer oder auch die Herolde des deutschen Mittelalters, die – wie bis vor einigen Jahren noch gelegentlich ihre Nachfahren minderen Ranges in kleinen Ortschaften – ihre obrigkeitlichen (und manchmal nebenbei auch ihre privatgewerblichen) Bekanntgaben zum Beispiel mit dem Ruf ,,*Kund sei es jedermann!*", hin und wieder auch mittels Schelle, Horn oder Trommel vorankündigten und damit das Publikum vorbereiteten und einstimmten – in ähnlicher Weise übrigens wie die kirchlichen Ausrufer, welche die Gläubigen zur Andacht riefen, bevor die weiter klingenden Glocken diese Aufgabe übernahmen, oder wie in islamischen Ländern heute noch der *Muezzin* vom Minarett herab die Frommen mit dem Ruf ,,*Es gibt keinen Gott außer Allah!*" auf das fällige Gebet hinweist.

Das im Prinzip Nämliche – freilich auf ganz anderer Ebene – geschieht, wo der Ausrufer der Jahrmarkts- und Wies'nbude seine, die Übertreibungen (Hyperbeln) der gewöhnlichen Umgangssprache ins parodierend Groteske steigernden, Formulierungen und ‚Sensationen' – sprachlich-gegenständliche Lockvögel! – in die Menge schreit und kundtut, daß hier die unverhüllte, nackte Wahrheit zu besichtigen sei. Sein Ruf alarmiert und macht selbst die Wissenden, die den plumpen, aber doch ganz amüsanten Schwindel durchschauen, auf die eigentliche *Show* neugierig und bereit, dafür ihren Obolus zu entrichten.

Näher und weiter verwandt im Geist und im Tun ist diesen Anreißern auf dem Felde der Reklame der ‚Billige Jakob', der harmlos-witzige Marktschreier, aber auch der weit weniger harmlose Typ des fahrenden Quacksalbers, dessen Ankündigungspraktiken ein großes Publikum bis weit in die Neuzeit hinein faszinierten. Garzonus schildert uns in seinem „Schauplatz der Künste" diese „groß Leutbeschwindler" überaus plastisch und geht auf den Kern des hier Gemeinten, wenn er sagt, daß *„wenn sie sich hören lassen, sie ein größer Zulauff bekommen, als (..) der beste Prediger, der jemals eine Kanzel betreten hatte. Sintemal das gemeine Volk denselben Haufenweise zulauft, sperret Maul und Nasen auf, höret ihnen einen ganzen Tag zu, vergißt aller anderen Sorgen. (..) (Sie) haben Affen, Meerkatzen, Murmeltier, Cameel (..) bei sich, daß sich das fürwitzig Volk sammele; etliche halten Trommeln und Pfeiffen, etliche Trommeten und lassen bisweilen mit großem Feldgeschrey zusammenblasen. Etliche (..) halten mit großem Geschrey oder Geplärr das Volk zwei drei Stunden auf, bald mit einem Dialogo, bald mit einem lieblichen Gesang (..) und was dergleichen Narrenpossen mehr sind, bis er sich bedrücken läßt, er hab das Volk genugsam zusammengelockt; alsdann bringt er seine Büchslein hervor und kompt auf sein quamquam von den Hellern, die er gern möchte und fängt an, seine herrlichen Waaren zu loben und treibet es so lang, bis er etliche überredet, daß sie ihm abkaufen."*[3]

Hier tritt also nochmals zusammenfassend und in aller Schärfe das Wesentliche gezielten, akustischen Signalements zum Zwecke des Publikums- oder Kundenfangs für ein ganz Anderes, Eigentliches zutage. Es ist darauf gerichtet,
- auch den noch nicht interessierten Rezipienten oder Konsumenten zur Wahrnehmung zu reizen,
- seine Aufmerksamkeit zu erregen,
- ihm die Auswahl und die Entscheidung zu erleichtern,
- ihn schon durch äußere Mittel über die Bedeutung des Eigentlichen zu informieren,
- ihn damit schon in dem vom Expedienten gewünschten Sinn zu präformieren,
- mithin schon mittels der Ankündigungs-Präliminarien auf eine möglichst große Menge von Rezipienten geistigen Einfluß auszuüben,

---

3 Thomaso Garzoni: Piazza universale. Das ist: Allgemeiner Marckt und Zusammenkunfft aller Professionen. Frankfurt/M 1641.

um die Annahme und Aufnahme der eigentlichen Kommunikation zu kanalisieren und schließlich durchzusetzen.

Damit sind auch schon die Konstitutiva der ins Wortbild transformierten verbalen Vor-Ankündigungen, der ‚Überschrift' also, umrissen.

5. Zur Geschichte der Zeitungs-Überschrift

Der außerordentliche Formen- und Ausdrucksreichtum des Drucks ermöglicht es dem Journalisten ohne weiteres, Wortgestalt und Wortgehalt der mündlichen ‚Ankündigung' einer Mitteilung in allen ihren Elementen unverkürzt in das *Wortbild* der ihr analogen ‚*Überschrift*' überzuführen. Wechselnde Schriftgrade, fetter und halbfetter Druck, Sperrung (Spationierung), freie Räume, Farben, Linien und Balken in der massenhaft hergestellten und verbreiteten Zeitung verwandeln die Überschrift in gesellschaftsweit tönende Stimme und bewirken, daß die ankündigenden Redner, Ausrufer, Marktschreier und viele andere nun über Raum und Zeit hinweg eine auch mit den gewaltigsten natürlich-stimmlichen Mitteln nicht mehr ansprechbare Menge auf visuellem Weg alarmieren, fesseln und einstimmen auf das, was allgemein als Soziale Zeit-Kommunikation interessiert und jeden einzelnen Leser in das Gespräch seiner Zeitgenossenschaft integriert.

Erforderte die mündliche Bekanntmachung beziehungsweise deren Ankündigung um der ‚Publizität' willen eine möglichst laute, weithin vernehmbare Stimme des Ausrufers, so mußte das Nämliche in schriftlicher Form – bevor an Massenmedien zu denken war – auf großen Tafeln weithin zu lesen, das heißt möglichst sichtbar aufgestellt und mit möglichst großen und deutlichen Lettern geschrieben sein. Diese Technik der Ankündigung, die den Ausrufer ergänzt und ersetzt, wird seit dem Altertum praktiziert.

Die griechische σανις oder das römische *album* – große, geweißte Tafeln, auf welche die Schrift mit schwarzer Farbe in großen Lettern aufgetragen wurde – übermittelten, auf öffentlichen Plätzen aufgestellt oder an Amtsgebäuden angebracht, zunächst obrigkeitliche, später auch private Ankündigungen aller Art. Sie waren selbst signalisierende Zeichen, leiteten oft aber auch Kommunikationen ein und ordneten sie, indem sie etwa die ‚Titel' der Gesetze zur besseren Übersicht mittels *rubrica*, also roter Farbe, hervorhoben. Von daher sind ‚Titel' und ‚Rubrik' sprachlich und auch der Sache nach auf die moderne Überschrift übergegangen, und diese selbst zog in die neueren Schrift- und Druckschriftträger ein: in das handgeschriebene und gedruckte Buch, vor allem aber in das Plakat (vom französischen *placard*, was Anschlagzettel oder öffentliche Anschlagtafel bedeutet).

Wir kennen behördliche, politische und gewerbliche Plakate aus den Ruinen von Pompeji, die sich in nichts von zeitgenössischen Texten und Anzeigen – einschließlich ihrer Überschriften – unterscheiden. Das trifft auch für die deutschen Plakate des Mittelalters und der Renaissance zu, die – man denke auch an Luthers Thesenanschlag, der gewissermaßen einen Katalog von 95 Schlagzeilen darstellt – vorzugsweise an Kirchen- und Rathaustüren geheftet wurden und mindestens die Publizität einer heutigen Lokalzeitung erreichten.

Vom Plakat her haben Wort und Begriff ‚*Überschrift*' Einzug in die Setzer- und Druckersprache gehalten (und dort ihren Platz bis heute bewahrt); denn *Über*-Schriften waren und sind die ‚*über Schrift*' gesetzten Schriftzeilen, die in öffentlichen Kundgaben am Kopf eines Textes (und von diesem abgesetzt) besonders hervorgehoben wurden, um die jeweiligen Adressaten anzusprechen: ,,An die Bürger von XY" etwa, oder auch das modernere: ,,Sehr geehrte Herren", wie es zum Beispiel in Rundschreiben gebräuchlich ist. Im Gegensatz dazu steht die ‚*Unter-Schrift*', der unter die gleiche Schrift gesetzte Name des Absenders, der die Mitteilung als von sich ausgehend bezeichnet und anerkennt.

Damit war die moderne ‚Überschrift' in der gedruckten, noch lange nur unperiodisch erscheinenden Zeit(ungs)-Schrift geboren und fand vom aktuellen Medium Plakat aus Eingang in alle anderen gedruckten Medien der Sozialen Zeit-Kommunikation, unter welchen Namen und Formen sie sich auch immer präsentierten.

Wohl unterscheiden sich die Bücher der Frühdruckzeit und die des 16. ebenso wie des 17. Jahrhunderts in *typografischer* Hinsicht kaum von Flugblättern, Broschüren, Pamphleten, *Newen Zeytungen* und Dialogen dieser Epoche. Beider Titel waren in der Regel mit Holzschnitten, ornamentalen Randleisten und Vignetten ausgeschmückt. *Inhaltlich* aber signalisierten die Titel die Existenz zweier kommunikativer Welten: Der Buchtitel versprach die (auch im übertragenen Sinne) erschöpfende Behandlung und Darstellung eines bestimmten Gegenstandes in geschlossener Form, zeugte vom tiefen Ringen um die Erkenntnis ‚ewig' seiender und gültiger Phänomene und Werte und wandte sich in umständlich gelehrter, oft lateinischer Sprache allein an die Adresse der wenigen Wissenschaftler und Kleriker. Demgegenüber der Titel der Zeit(ungs)-Schriften: Schlagwortartig gedrängte, allen verständliche, packende, wuchtige Ansprache aller Zeitgenossen über Dinge, die sie alle existentiell irgendwie berührten und betrafen; Ereignisse, Zustände, Stimmungen des Tages, also höchst Aktuelles, das daher auch gleichsam atemlos niedergeschrieben, rasch gedruckt und im Nu zu erschwinglichen Preisen unter die Leute gebracht worden war. Wir begegnen allen nur denkbaren expressiven sowie appellativen und auch darstellenden Titelvariationen. Die Zeit (und insbesondere die Reformation) ,,redet deutsch" und nimmt kein Blatt vor den Mund. Ruhig in Typografie und Inhalt blieb nur eine Gattung dieser Zeit(ungs)-Schriften, nämlich die der ,,Neuen Zeitung" oder auch nur ,,Zeitung" genannt, die – als mündliche oder schriftliche und später gedruckte, das soziale Ganze betreffende ,,Mitteilung zur Zeit" – zunächst nur unregelmäßig, vom Beginn des 17. Jahrhunderts an in wöchentlichen Fristen erscheint und ganz einfach referierend die laufenden Zeitereignisse darstellt. Sie bedarf keiner typografischen und inhaltlichen Hervorhebung. Ihr Titel ‚Zeitung' schon ist Fanfare und kündigt das jeweils Neueste an, was sich in der Welt zugetragen.

Es war, verglichen mit Heutigem, nicht eben viel, was an Stoff vermittelt werden konnte. Und daher erschienen diese Zeit-Referate, für die der Name ‚Zeitung' üblich wurde, bis weit in das 19. Jahrhundert hinein in kleinem Quartformat, auf volle Breite gesetzt, mit kaum gegliedertem Inhalt, einzelne Nachrichten allenfalls auseinandergehalten durch aus dem gleichen Schriftgrad gesetzte Überschriften in Gestalt von Herkunfts- und Datumszeilen. Erst im 18. Jahrhundert begann man, die Schrift auf zwei Spalten zu verteilen. Aber die Überschrift in fettem Druck und die typografische Gliederung ist gegen Ende dieses Jahrhunderts noch einsame Ausnahme – bis gegen 1830, als technische Neuerungen ein größeres Format, größeren Druck und einen vielfältigeren Inhalt ermöglichten. Es zogen nun fette Schriften in die Rubriken, vor allem und zunächst in die Anzeigenteile ein, und diese insbesondere bedienen sich noch das ganze 19. Jahrhundert hindurch allein der wirklich plakativen Formen.

Die Wendung zur modernen Überschrift auch im Textteil der Zeitungen wurde in den USA während des Bürgerkrieges von 1861 bis 1865 vollzogen. Hier machte der Sensationalismus der Überschrift in Typografie und Inhalt seine ersten Schritte. Es war William R. Hearst, der ihn im Spanisch-Amerikanischen Krieg von 1898 perfektionierte und zur Dauererscheinung machte. Er ist als der *headline pioneer* anzusprechen, der die *screaming and scare bannerlines*, die schreienden und schreckenerregenden Schlagzeilen, die über die ganze Seite der Zeitung liefen, seinen Sensationsblättern voraustellte. Es waren politische *action heads*, die von Brisanz und Aktualität sprühten und heute weltweit den „amerikanischen Aufmachungsstil" repräsentieren.

Über England, das die Neuerung aus den USA in den 80er und 90er Jahren übernommen hatte, sie jedoch nicht ganz so exzessiv handhabte, gelangte die Überschriftentechnik auch nach Deutschland. Allerdings blieb die aufmachende Schlagzeile noch in den Jahren vor dem ersten Weltkrieg die absolute Ausnahme in wenigen sich modern gebenden Blättern; und selbst diese Zurückhaltung löste unter den deutschen Journalisten erhebliche Meinungsverschiedenheiten aus. Erst der Weltkrieg selbst, eigentlich schon die Nachricht von der Ermordung des österreichischen Thronfolgerpaares in Sarajewo, hat die deutsche Presse – äußerlich jedenfalls – zu Sensationsblättern umgeformt. Seither haben Schlagzeilen und Überschriften in ihr, ungeachtet des Zeitungstyps, einen festen Platz. Und es entbehrt in der Rückschau nicht der Komik, von folgender Verfügung der Pressestelle des Großen Generalstabes Kenntnis zu nehmen, die um 1915 erging: *„Seit Kriegsbeginn findet sich in unserer Presse mehr und mehr die*

Tendenz, durch fettgedruckte, zum Teil sensationelle Überschriften auf den Leser eine Wirkung auszuüben, die nicht gutzuheißen ist. Das ist der Anfang einer Entwicklung, die man als amerikanisch bezeichnen muß (..) Wenn die Presse zu sehr dem Sensationsbedürfnis des einzelnen Rechnung trägt, so wird dadurch eine Verflachung, Verseichtung in der Ansicht des Publikums hervorgerufen."

Der hier durchklingende Moralismus war journalistisch ungerechtfertigt: Orientiert am traditionellen Bild der deutschen Zeitung, berücksichtigte er nicht, daß die rein referierende ‚Neue Zeitung' der Frühzeit eine völlige Wandlung durchgemacht, nämlich alle ehedem separierten Plakate, Flugblätter, Pamphlete, Kampfschriften und manch anderes Medium längst in sich vereinigt hatte, zur universalen Zeitung geworden war, in welcher der Sensationalismus nicht fehlen durfte und fehlen konnte. Aber selbst die bösen Zukunftserwartungen verblassen gegenüber dem, was dann in den 30er Jahren dieses Jahrhunderts erst Wirklichkeit werden sollte: Die Geburt der ,,Schlagzeile mit dem Holzhammer".

Ihr Erfinder war Harry Guy Bartholomew, der Ende 1934 die Chefredaktion des auf etwa 700 000 Auflage abgesunkenen Londoner »Daily Mirror« übernahm und das Blatt von Grund auf umstellte. Einer seiner Nachfolger auf dem Chefredakteursstuhl, Hugh Cudlipp, schildert diesen Vorgang wie folgt[4]: *,,Auf der Titelseite erschienen Überschriften, die mit dem Holzhammer geschrieben und mit riesigen schwarzen Lettern gedruckt waren. (...) Jetzt rückte eine ganz neue Art von Berichten und Geschichten in den Vordergrund, die man etwas pathetisch als ‚Dokumentarberichte des Lebens' bezeichnen könnte und etwas weniger pathetisch als Berichte, die sich mit der Sexualität und mit Verbrechen befaßten. Bisweilen nahmen die Schlagzeilen doppelt soviel Raum ein wie die eigentliche Meldung. Sie hämmerten auf den Leser ein. (..) Im Verlagsgebäude des »Mirror« scherte man sich den Teufel darum, was die Konkurrenzblätter brachten. (..) Ein völlig neuer Zeitungstyp wurde entwickelt. Die steigenden Auflagenziffern*

---

4 Hugh Cudlipp: Sensationen für Millionen. München 1955, S. 98f.

bewiesen klar und eindeutig, daß das Publikum anscheinend auf diesen neuen Zeitungstyp gewartet hatte und einfach begeistert war..."

Es bleibt anzumerken, daß der »Daily Mirror« heute [1968] mit 5,2 Millionen Auflage die größte Tageszeitung der Welt ist und daß alle anderen Blätter von annähernd dieser Größenklasse – mit Ausnahme der sowjetischen »Prawda« und »Iswestija« – sich seiner Überschriftentechnik bedienen.

6. Die Technik der Zeitungs-Überschrift

Zeitungs-Überschriften sind druckschriftsprachliche Kommunikations-Medien werblicher Natur, die in ihrer technischen Durchführung eingestellt sind auf visuelles Signalement und geistige Beeinflussung mit Hilfe von massenwirksamen *Ankündigungen einer eigentlichen Kommunikation*. Sie bezwecken unmittelbar, den Rezipienten zur Perzeption und Apperzeption ihres ‚Textes' zu veranlassen, und üben damit einen *Leseanreiz* für das Eigentliche sowie gegebenenfalls einen zu dessen Erfüllung nötigen *Kaufanreiz* aus.

Zur Erzielung dieses Zweckes werden Überschriften in der Zeitung in typografischer und publizistisch-journalistischer Hinsicht planmäßig gestaltet. Sie werden
* durch strikte Beachtung der kommunikations-psychologischen Voraussetzungen des Wirkungsvorganges,
* durch journalistische, respektive publizistische Einstellung auf das kommunikative Verhalten des umworbenen Publikums und
* unter Berücksichtigung aller die Kommunikation funktional bedingenden Faktoren oder Daten

nach Form und Inhalt tauglich gemacht, um eine optimale, kommunikativ werbliche Wirkung zu entfalten, das heißt auf Seiten des Publikums als *Lockvögel der Kommunikation* ihre Dienste zu leisten.

Überschriften prägen mitentscheidend die Physiognomie einer Zeitung und manifestieren gewollt oder enthüllen ungewollt Gesinnung und Tendenz des Blattes oft stärker als der eigentliche Text.

In dem stofflich schlechthin universalen, bisweilen außerordentlich umfangreichen Kommunikationsmedium Zeitung ist die ‚Titelei' im Rahmen der Gesamtaufmachung zu einem vielschichtig gegliederten Komplex herangewachsen. Neben der eigentlichen, drucktechnisch besonders hervorgehobenen Überschrift, dem Haupttitel (er steht bei minder bedeutsamen Nachrichten geringeren Umfangs allein), finden sich ergänzende, die eigentliche Kommunikation näher bezeichnende oder erläuternde Unter- und Oberzeilen (Unter- und Obertitel). Eine typografisch nicht zu unterschätzende Rolle spielen schließlich Zwischentitel, die den kompakten Satz eines längeren Artikels teilen, auflockern, und seinen Inhalt untergliedern. Da die Untertitel sich zunehmender Beliebtheit erfreuen und gelegentlich in fett oder halbfett gesetzte ‚Aufhänger' oder Vorspannabschnitte überlaufen, ist auf den ersten Blick oft nicht mehr zu entscheiden, wo die Überschrift endet und der Text beginnt.

Aus der Fülle des Stoffes, die der Zeitung Tag für Tag zuströmt, wählt die Redaktion die (ge)wichtigste oder auch für das Publikum interessanteste Nachricht aus; Gesinnungs- und Kampfzeitungen werden auf sie kommentierende, räsonnierende Akzente setzen. Diese Hauptnachricht setzt die Redaktion an die Spitze des Blattes, je nach ihrem Umbruchkonzept links oder rechts oben oder auch in die Mitte der ersten Seite. Dieser sogenannte Aufmacher (der möglicherweise auch dem publizistischen Hauptanliegen der Redaktion entspricht) wird mit einer Überschrift versehen, die sich über mehrere Spalten, manchmal auch über die ganze Breite der Zeitung erstreckt. Das ist die „Schlagzeile", die mit einem Schlag und in schlagender Weise das wichtigste Ereignis oder Anliegen des Tages grafisch, optisch, sprachlich und inhaltlich ankündigt.

Vom „Aufmacher" und von der „Schlagzeile" her kommen Ordnung und Übersicht, unterstützt von zahlreichen weiteren Überschriften, in den Kommunikations-Wust, nimmt die Ausgabe der Zeitung Gesicht und Gestalt an und wird für den Rezipienten lesbar.

Moderne Zeitungen, die mit einer Vielzahl anderer Kommunikationsmedien konkurrieren müssen und ganz oder in steigendem Maße auf Straßenverkauf angewiesen sind, bieten heute (vor allem erste) Seiten, die von Überschriften (sowie daneben auch von Bildern) geradezu überwuchert sind, mit Schwerpunkt über dem sogenannten Bruch der ersten Seite, auf jener Hälfte also, die an den Kiosken sichtbar aushängt. Deutsche Boulevardblätter räumen der Schlagzeile im Durchschnitt etwa ein Viertel des Raumes der Titelseite ein, was auch den Verhältnissen in anderen westlichen Ländern entspricht.

Aus all dem geht hervor, welch bedeutsame Rolle der Haupt-Schlagzeile zugemessen wird. Von ihr hängt es – bei Straßenverkaufszeitungen empirisch nachweisbar – entscheidend ab, ob die jeweilige Ausgabe beim Käufer beziehungsweise beim Leser ankommt. Von ihr aus aber lassen sich auch Schlußfolgerungen zur Rolle der übrigen, minder (ge)wichtigen Überschriften ziehen. Wenn auch bei ihnen die Funktion des Kaufanreizes weitgehend entfällt, so bleibt ihnen doch die grundsätzliche Ankündigungs-, Signal-, Gliederungs- und Gewichtungsfunktion hinsichtlich der weiteren Texte, das heißt insgesamt eine Rolle von großer sozial-kommunikativer Bedeutung. Dieser Bedeutung gemäß erfolgt ihr planmäßiger Einsatz. Er ist darauf angelegt, Rezeptions- und Kaufbereitschaft, das heißt eine Willenswirkung herbeizuführen; daher ist er auf die Beachtung der psychischen und kommunikativen Wirkungsvoraussetzungen angewiesen.

a) Psychologische Wirkungsvoraussetzungen

Sich mit der allgemein-psychischen Seite des Wirkungsverlaufs der Überschrift zu befassen, ist Sache der theoretischen oder experimentellen Kommunikations-Psychologie. Wir haben uns hier nur mit ihren einschlägigen Teilen kurz vertraut zu machen.

Das gesamte bewußte psychische Geschehen baut sich auf Empfindungs-, Wahrnehmungs-, Vorstellungs- und Gefühls-Elementen auf. Die Überschrift muß also zunächst auf den Rezipienten eine zureichende *Sinneswirkung* ausüben, um vollständig von ihm wahrgenommen (äußerlich gesehen) zu werden, um dann über die Bewußtseinsschwelle in das Blickfeld des Bewußtseins gehoben, das heißt perzipiert (innerlich gesehen) und gelesen zu werden. Um restlos erkannt und klar aufgenommen zu werden, muß ein Bewußtseinsinhalt vom Blickfeld in den Bereich des Blickpunktes des Bewußtseins eintreten;

mit anderen Worten: er muß nach Art und Ausstattung geeignet sein, sich von konkurrierenden Eindrücken so abzuheben, daß er Aufmerksamkeit erregt.

Mit dieser *Aufmerksamkeitswirkung* ist es aber nicht getan. Das mit Aufmerksamkeit Wahrgenommene muß auch verstanden werden. Der ‚Text' der Überschrift muß im Angesprochenen auch die durch ihn bedingten Vorstellungen wach- und dazu neue Assoziationen hervorrufen, die – anknüpfend an die ersten Vorstellungsauslösungen – im Sinne des Kommunikationszwecks die „Ankündigung" weiterführen. Zur Sinnes- und Aufmerksamkeitswirkung tritt also die *Vorstellungswirkung*.

Als Begleiterscheinung zu den Empfindungen und Vorstellungen treten die Gefühle auf, die in die kategorialen Kontraste der Lust und der Unlust einzuordnen sind. Aus den Gefühlen heraus entwickeln sich die Willenshandlungen, wobei die lustbetonten Gefühlstöne positiv auf das Willensergebnis einwirken werden. Da die Gefühle bestimmenden Einfluß auf den Willen haben, ist die sorgsame Beachtung der *Gefühlswirkung* bei gezielter Kommunikation unumgänglich.

Nicht minder bedeutsam ist die Berücksichtigung der *Gedächtniswirkung*. Gedächtnis ist die Fähigkeit des menschlichen Geistes, gewisse Eindrücke, fertige Gedanken, Ansichten und Meinungen, die auf das Bewußtsein eingewirkt haben, aufzunehmen und sie im Unterbewußtsein für den späteren Gebrauch zu speichern. Es geht also auch darum, in der Überschrift kommunikative Elemente zur Geltung zu bringen, Vorstellungen anklingen zu lassen, welche früher gemachte Erfahrungen berühren, um sie als Ganzes wieder ins Bewußtsein zurückzurufen. Auf Bekanntes abzuheben, ruft schon an sich die Vorstellung von etwas Bedeutendem hervor, von etwas, das sorgsamer Beachtung wert ist. Dann aber läßt auch das Zielen auf allgemein bereits bestehende Ansichten und Meinungen die übertragene Vorstellung als ein selbstbestätigendes Aus-dem-Herzen-Sprechen (beim Rezipienten) erscheinen.

Krönung aller dieser kommunikations-psychologischen Vorgänge ist dann die *Willenswirkung* selbst; sie erst führt die ausschlaggebende

Rezeption, das heißt die Lektüre des eigentlichen Textes beziehungsweise den davorliegenden Kauf der Zeitung herbei.

b) Psychologische Struktur der Überschrift

Die technische Durchführung jeder Kommunikation erfolgt durch den Einsatz von Kommunikationsmitteln, die zwischen dem Expedienten und dem oder den Rezipienten Geistiges vermitteln. Im Blick auf das spezielle Kommunikations-Medium ‚Überschrift' im Rahmen des Mediengefüges ‚Zeitung' haben wir also die psychotechnisch zusammengesetzte Erscheinung sowie deren Elemente zu analysieren.

Bei der Überschrift zeigen sich rasch einzelne Bausteine wesensverschiedener Natur: sie selbst ist Druckschrift, also ihrem stofflichen Gehalt nach ‚farbliches' Kommunikations-Medium, das im Rahmen des stofflich-papierenen Kommunikations-Mediums Zeitung in Erscheinung und damit in Wirksamkeit tritt. Diese Gegebenheiten lassen sich in letzte, kommunikations-psychologisch wirksame Bestandteile auflösen, die als Wirkungselemente den jeweiligen Wirkungsgehalt der Überschrift bestimmen.

Die sinnlichen Wirkungselemente:
Die Elemente Licht und Farbe wirken hier vor allem auf das Auge des Rezipienten ein. Im ganzen geht es darum, durch das kräftige Abheben dunkler Flächen vom weißen Grund des Papiers oder farbiger Flächen gegen die unbunte Schriftmasse einen Helligkeits- oder Farbkontrast zu schaffen, wobei Vorstellungs- und Gefühlswirkungen von Farben als sinnliche Stimulantia nur gelegentlich (etwa in der politischen Publizistik – zum Beispiel mit dem Rot der SPD – oder als Mittel einer gefühlsmäßigen Einstimmung – zum Beispiel mit Grün im Frühling oder zum Osterfest –) angestrebt werden.

Die formalen Wirkungselemente:
Als formale Wirkungselemente in der Überschrift sind unter anderem folgende zwei samt Varianten unschwer auszumachen:

Die Anzahl: Die Anzahl ist als Wirkungselement in doppelter Form wirksam, entweder als *Häufung der Überschriften* zu verschiedenen Themen im Rahmen einer Ausgabe, als Häufung auch des prinzipiell gleichen Motivs in mehreren Überschriften der gleichen Ausgabe, oder als *Reihung*, die dann in Erscheinung tritt, wenn Überschriften des prinzipiell gleichen Kommunikationsgegenstandes mit zeitlichen Abständen in mehr oder weniger veränderter Form erscheinen, um den Rezipienten mit immer neuem Denkstoff zu versehen, der ihn zu geistigen Leistungen herausfordert, so daß die gewünschte gleichartige Wirkung immer wieder erneuert wird. Hier ist von einer Serie inhaltlich gleicher oder doch ähnlich gestalteter Überschriften zu sprechen.

Das Wirkungsprinzip von Häufung und Reihung ist die *Wiederholung*. In beiden Fällen wird durch Vervielfachung des Wirkungsinhalts eine Wirkungssteigerung erreicht oder wenigstens angestrebt. Grundlage dieser Verfahren sind Ergebnisse der Lernpsychologie, der zufolge eine gewisse Anzahl von Wiederholungen nötig ist, um Sachen wieder zu erkennen oder als festen geistigen Besitz beschreiben zu können.

Die Placierung: Die Placierung der Überschrift ist vor allem deshalb ein wesentliches Element ihrer Wirkung, weil ja auf der Zeitungsseite eine große Anzahl von Kommunikationen gleichzeitig und miteinander rivalisierend manifestiert werden, so daß ihre Raumlage und Umgebungsbeschaffenheit von großem Einfluß auf ihr Erfassen ist. Das Placierungs-Problem wird beherrscht von der Frage nach dem für die Aufmerksamkeitserregung günstigsten Platz der Überschrift in der Zeitung überhaupt, speziell aber auch auf ein und derselben oder auf einer ganz bestimmten Seite.

Aber auch eine ganz spezielle Vorstellungs- und Gefühlswirkung der Placierung ist gegeben, wo zum Beispiel Überschriften in enge Nachbarschaft von anderen Überschriften oder Texten gesetzt werden, die in einer Art *Interferenz* aufeinander abfärben und leidenschaftliche Assoziationen, positive oder negative Vorstellungen und Gefühle des Rezipienten auslösen. Auf die Gedächtniswirkung der Placierung zielt schließlich die bestimmte Platzwahl für bestimmte Artikel oder Artikelarten im Rahmen des Ressorts, auf das sich der Gegenstand der Überschrift bezieht.

Was den Aufmerksamkeitswert der einzelnen Teile einer Seite betrifft, so herrscht Einigkeit darüber, daß die jeweils obere Hälfte einer Zeitungsseite eine bevorzugte Wirkung gegenüber der unteren gewährt. Dagegen ist die Aufmerksamkeitswirkung der Seiten-Viertel experimentell nicht ausreichend geklärt. Nicht minder wichtig ist die Frage des Aufmerksamkeitswertes der einzelnen Seiten in der Zeitung. Schon die Bezeichnung der „Seite 1" als einer *show window page* macht deren Bedeutung klar; für Kaufzeitungen ist eine Placierung auf ihr von überragender Bedeutung. Im allgemeinen aber stehen ihr andere Seiten nicht erheblich nach.

Freilich dürfen und können solche Erkenntnisse nicht darüber hinwegtäuschen, daß in sehr vielen Fällen die reale Aufmerksamkeit des Zeitungslesers auf gewisse Inhalte gerichtet ist; das meint, daß er innerlich von vornherein bereit und auf der Suche ist, auch anders placierte Überschriften, die ihn interessieren, in jedem Fall auf sich wirken zu lassen. Den Leser hingegen, der aus Zeitmangel oder aus Unlust nicht bereit ist, die Seiten durchzusehen, Überschriften zu lesen, wird auch die günstigste Placierung nicht zur Aufmerksamkeit bewegen.

Die inhaltlichen Wirkungselemente:
Bei all dem ist nicht zu unterschätzen, daß die inhaltlichen Wirkungselemente, die in der Überschrift zum Ausdruck kommen, und die ihre gedanklichen Elemente bilden, auch unter psychologischen Aspekten die Ankündigungs-Wirkung wesentlich mitbestimmen, da sich die Psyche des Rezipienten aus dem Kommunikationsvorgang nicht ausklammern läßt. Da sie jedoch im umfassenden Prozeß der Sozialen Zeit-Kommunikation und ihrer Manifestation durch die Zeitung vorab durch soziale Momente und Faktoren bestimmt sind, erfolgt ihre Behandlung etwas später.

c) Die Überschriften-Gestaltung

Kommunikative Wirkungsfaktoren sind Verbindungen solcher Elemente, die in der Überschrift als Hauptträger der Ankündigungswirkung auftreten.

Unter dem Signalfaktor ‚Überschrift' sind somit alle seine psychischen Reizelemente zu verstehen, die sich aus Größe, Art und Farbe herleiten. Daraus ergeben sich zahlreiche sinnes-psychologische Forderungen. Denn der Umfang menschlicher Aufmerksamkeit ist begrenzt.

Die Zahl der in einer kurzen Zeit der Betrachtung erfaßbaren Buchstaben liegt bei 20 bis maximal 30, wenn der Text aus kurzen Sätzen besteht, bei etwa 25, wenn es sich um einzelne bekannte Worte handelt. Dabei spielt die Lesbarkeit eine entscheidende Rolle. Diese bemißt sich nach dem optischen Rhythmus eines Wortes (konstituiert durch die Breite der Buchstaben, durch die Größe der Ober-, Unter- und Mittellängen, der Verhältnisse derartiger Parameter sowie durch die Buchstabenform). Es kommt darauf an, daß die Überschriften, die ja auf den ersten Blick erfaßt werden sollen, den Umfang der Aufmerksamkeits-Kapazität nicht überschreiten, und daß durch Mischung der Buchstabenformen der für die Wirkung günstigste optische Rhythmus hergestellt wird.

Die Schriftgröße:
Die Schrift der Überschrift muß so groß sein, daß sie ihre spezifischen Funktionen erfüllen kann, das heißt vor allem, die Überschrift aus dem Einerlei der Grundschrift klar heraushebt. In der Schlagzeile muß sie aber primär bei den auf Außenwerbung angewiesenen Straßenverkaufszeitungen die gleichen Funktionen als Fernwirkung ausüben, das heißt, in etwa gemäß der nach dem Snellenschen Prinzip erstellten und in der augenärztlichen Praxis verwendeten Sehtafel gestaltet sein. Danach setzt die Erkennbarkeit auf
10 Meter eine Buchstabenhöhe von mindestens 13 mm
(etwa 3 Cicero), auf
12 Meter eine Buchstabenhöhe von mindestens 16 mm
(etwa 4 Cicero) und auf
18 Meter eine Buchstabenhöhe von mindestens 25 mm
(etwa 6 Cicero) voraus.

Da es sich hier um Mindestgrößen handelt, wird die Zeitungspraxis Lesbarkeits-Zuschläge gewähren. Das heißt, daß die Straßenverkaufszeitungen ihren Schlagzeilen eine Buchstabenhöhe von mindestens 4 bis 5, meist aber 6 Cicero (ca. 25 mm Höhe) zuweisen. Dabei wird das für die Aufmerksamkeit günstigste Verhältnis von 1 : 5 für die Buchstabendicke zur Buchstabenhöhe (das ein gedrungenes, wuchtiges Schriftbild ergibt) und der für die rechte Auffassung von Worten zuträglichste Buchstabenabstand von der Größe einer halben Buchstabendicke zugrundegelegt. Abonnementzeitungen können es sich naturgemäß leisten, mit sehr viel kleineren Schriften zu arbeiten. So macht zum Beispiel [1968] die »Süddeutsche Zeitung« in der Regel mit einer nur 7 mm hohen Schlagzeile auf, wobei Ober- und Unterzeilen entsprechend kleiner ausfallen.

Es bleibt in diesem Zusammenhang darauf hinzuweisen, daß die Größe und Breite der Titelschriften nicht ohne Konsequenzen auf den Inhalt der Überschrift bleiben kann; denn die Zahl der Buchstaben, die eine Überschrift aufnehmen kann, ist beschränkt. Sie beträgt bei der relativ kleine Schriften verwendenden »Frankfurter Allgemeinen« etwa 50 Buchstaben in drei Spalten, etwa 40 Buchstaben in zwei Spalten und etwa 30 Buchstaben in einer Spalte. Bei den Straßenverkaufszeitungen, die sehr viel größere Schriften einsetzen, reduzieren sich diese Zahlen ganz erheblich. Das aber heißt, daß die beste und treffendste Überschrift nichts nützt, wenn sie zu lang geraten ist.

Die Schriftart:
Auch die Schriftart soll den Funktionen der Überschrift entsprechen. Sie wird daher speziell nach der Deutlichkeit beziehungsweise Lesbarkeit, jedenfalls nicht vorwiegend nach ästhetischen oder anderen sekundären Gesichtspunkten ausgewählt werden. Daher findet in der deutschen Presse beim Überschriften-Satz vorwiegend die ‚Grotesk' Verwendung, eine Antiqua-Auszeichnungsschrift von gleichmäßig starker Linienführung, die charakterisiert ist durch das Fehlen aller Balken, Häkchen, Serifen und Schwünge, die sonst den Antiqua-Schriften eigen sind. Zwar haben die meisten Zeitungen in der Regel nur eine Textschrift (Brotschrift), aber viele verfügen über mehrere Schriftarten für die Titel. So zum Beispiel setzt die »Frankfurter Allgemeine« die Überschriften des Wirtschaftsteils, der Nachrichten und Berichte in Antiqua, die der Kommentare und Glossen dagegen (traditionell) in Fraktur. Sehr frei in der Handhabung der Schriftarten für die Titel sind im allgemeinen Boulevardzeitungen, insbesondere in ihren Unterhaltungsteilen.

Die Farbe:
Experimentelle Untersuchungen haben ergeben, daß schwarze Schrift auf weißem Grund – also der einer Zeitung quasi natürliche Farbkon-

trast – die beste Lesbarkeit und Fern-Erkennbarkeit gewährleistet. Zusätzliche Signaleffekte hat aber auch die Verwendung bunter Farben, sowohl für die Schrift als auch für den Schriftgrund. Als besonders gut lesbar – jeweils auf weißem Grund – haben sich in absteigender Reihe folgende farbige Schriften erwiesen: purpur, grün, rot und blau. Günstige Auffassungswerte ergeben sich auch für schwarze Schrift auf grünem, rotem oder blauem Grund, oder für weiße Schrift auf rotem, blauem und grünem Grund. Die letzteren Farbkombinationen kommen hauptsächlich im Rahmen signalisierender Farbflächen sowie mit unterstreichenden Linien und Balken vor.

Signalzeichen:
Signalzeichen sind elementare Zeichen nicht-ikonischer Natur, welche die optische Reizfläche vergrößern und intensivieren und nur im Zusammenhang mit anderen Zeichen (Symbolen) eine Bedeutung haben. Zu ihnen zählen Linien, Balken, Umrandungen, aber in gewissem Sinn auch die signalisierenden Faktoren der Großschreibung und der Farbigkeit. Sie dienen vor allem Zwecken des Isolierens und Heraushebens von Überschriften gegenüber anderen Überschriften, Texten und Bildern; das heißt, diese signalisierenden Elemente sollen scharf abgrenzen und zugleich die Aufmerksamkeit für das abgegrenzte, unterstrichene, herausgehobene Mittel einfangen. Mit anderen Worten: es sind Zeichen mit Verweisungsfunktion, die die Aufmerksamkeit des Rezipienten auf geistige Inhalte (Texte) lenken, so daß diese besondere Akzente, einen Aufforderungswert, erhalten, ohne einen unmittelbaren Zuwachs an objektiver Bedeutung zu erfahren. Sie sind also nicht Träger einer Aussage, sondern belegen nur ein besonderes Gewicht, eine besondere Valenz, die der Inhalt der (vermittelten) Kommunikation objektiv hat, oder die der Expedient dem Inhalt subjektiv zuweist.

d) Die typografische Bedeutung der Überschrift

Die typografischen Wirkungsfaktoren Schrift, Farben und Verweisungszeichen bestimmen in ihrem Zusammenwirken die Aufmerksamkeitswirkung der Überschrift. Das heißt, mit Hilfe dieser Elemente wird der wortsprachlich-stimmliche Ankündigungs-Ruf in das druckschriftliche Bild übertragen, das genau wie jener je und je und neben anderem akzentuiert Lautstärke und Betonung der publizistisch-journalistischen Aus- und Hinsage dem Auge sinnfällig macht.

Otto Groth hat darauf hingewiesen, daß in der typografischen Aufmachung der Zeitung das ,,Gesetz der Masse" wirksam wird[5]. Um Massen bewältigen zu können, muß der menschliche Geist sie teilen und die Teile ordnen, das heißt das Ganze gliedern. Mit eben solchen (Stoff-)Massen hat es die potentiell universale Zeitung zu tun, die daher auf Zerteilung und Gliederung ihres Stoffes angewiesen ist.

Zugleich riefen Massenerscheinungen (Leser-Massen in den Großstädten, Massen des Stoffes, Massen der Umweltreize) nach einer außerordentlichen Steigerung der äußeren, sinnlichen Reizmittel, wo – wie in der Zeitung –, publike' Wirksamkeit gefordert war. Denn es ist ein psychisches Gesetz, daß sich Sinne und Geist dem Reiz zuwenden, der am auffallendsten ist, der sie am stärksten trifft. Das hat im Zeitungswesen zur Folge, daß der Umbruchredakteur jenes Zeitungstyps dem Gebot der Anlockung am rigorosesten entsprechen wird und entsprechen muß, der Aufmerksamkeit für Stoff und Ware bei einem durch tausend Dinge beanspruchten und durch tausend Reize anderweitig abgelenkten Publikum auf freier Straße erwecken muß. Gleichzeitig wird auch hier das ,,Gesetz des untersten Niveaus" wirksam, das den Journalisten zwingt, sich die auf äußersten Anreiz gehende Anordnung des Stoffes durch den am wenigsten rezeptionsbereiten und am wenigsten kaufentschlossenen Leser diktieren zu lassen.[6]

Anlockungs-Notwendigkeiten solcher Art haben vor allem bei den Straßenverkaufszeitungen in allen Kultur-Ländern das ,,Prinzip der ersten Seite", den sogenannten Fassadenaufbau erzwungen. Der ,,Fassade" der Zeitung, der ersten Seite, mußte und muß die stärkste Ausstattung gegeben werden; und es war und ist die Überschrift, die als hauptsächlicher typografischer Wirkungsfaktor die Aufmerksamkeit

---

5 Otto Groth: Die unerkannte Kulturmacht. Band 2: Das Sein des Werkes. Berlin 1961, S. 191.

6 Siehe dazu ebenfalls Otto Groth, Die unerkannte Kulturmacht, 2. Bd., Berlin 1961, S. 198; näher führt Groth dieses Gesetz bei der Behandlung der ,,spezifisch journalistischen Wirkungsmittel" in Bd. 5 des nämlichen Werkes (Berlin 1963), S. 63f aus.

des Lesers auf die „Seite 1" lenkt und den Blick bannend festhält. Abgesehen von der Schlagzeile in Riesenlettern, die oft über die ganze Breite der Zeitung geht, wird die erste Seite beherrscht von mehrfach abgestuften Überschriften. Fünf bis sieben Zeilen und teilweise noch mehr für ein Überschriftengefüge sind heute keine Seltenheit. Es gibt Zeitungen, die ihre erste Seite ganz und gar der Überschrift einräumen, das heißt, daß nicht nur Höhe und Breite dafür in Anspruch genommen werden, der Umbruchredakteur weicht auch schon in die Tiefe der Zeitung aus. Somit ist die Straßenverkaufszeitung (Sensations- wie Kampfpresse) in ihrer Umbruchstrategie wesentlich eingestellt auf den *Blickfang*, während sich die Abonnementzeitung damit begnügen kann, es bei einer ruhigen und geschickten *Blicklenkung* bewenden zu lassen und sich obendrein den Luxus erlauben darf, auch ästhetischen Momenten der Überschriftengestaltung Raum zu geben.

Was die Überschriften-Technik für den Absatz – und damit natürlich auch für die Wirkung – der Zeitung bedeutet, illustriert die Tatsache, daß in Wien, als eine österreichische Regierungsverordnung vom 21. Juli 1933 für die Überschriften und Zwischenüberschriften zu „Mitteilungen aus der Tagesgeschichte und Aufsätzen über Tagesfragen" Höchstgrenzen vorschrieb, der Straßenverkauf beträchtlich zurückging. Insbesondere die „Kolportagezeitungen" verloren nach Schätzungen von Fachleuten in den ersten drei Monaten der Wirksamkeit dieser Verordnung rund 40 Prozent ihrer Leser.[7]

Das aber heißt, daß Schlagzeilen und Überschriften mit allen ihren sonstigen typografischen Begleiterscheinungen in der heutigen Zeitung nicht nur unentbehrlich, sondern auch hinsichtlich Art und Maß der heute praktizierten Anwendung rundum gerechtfertigt sind. Nicht nur Zeitungen sind in unserer Zeit dem Gesetz der starken Reize unterworfen; und man wird ihnen daher das Recht, auch mit starken technischen Mitteln zu wirken, nicht mehr absprechen können.

---

7 Stephan Schreder: Der Zeitungsleser. Basler Diss. 1936, S. 39. Zit. nach Otto Groth: Die unerkannte Kulturmacht, Bd. 2, Berlin 1961, S. 214.

7. Die Sprache der Zeitungs-Überschrift

Es wurde bereits darauf hingewiesen, daß die Zeitung im Grunde ein *Sozialer Versammlungsraum* und ihre Sprache daher im Kern etwas Mündliches ist und bleibt, das (mit Vorrang in der Überschrift) der – je nach Mitteilungstyp – vulgären oder auch gebildeten Umgangssprache um vieles näher steht als die künstlerische Ansprüche stellende Literatur.

Diese Verwandtschaft, ja Identität von Zeitungs- und Umgangssprache durchaus verkennend, haben Sprachkritiker zu allen Zeiten höchst ungerechte Urteile gefällt; so etwa, wenn Arthur Schopenhauer über den ,,schändlichen Jargon" wetterte, ,,in welchem meist die deutschen Zeitungen geschrieben sind – man sollte ihn öffentlich stigmatisieren als Zeitungsdeutsch mit Verwarnung der Jugend, daß sie nicht Grammatik und Orthographie aus diesen Publikationen erlerne, vielmehr daraus ersehe, wie man nicht schreiben soll". Oder wenn Friedrich Nietzsche lapidar feststellte: ,,Schweinedeutsch – Verzeihung! – Zeitungsdeutsch."

In der Tat ist Zeitungssprache vor allem aktuelle und soziale Sprache, das heißt Gegenwarts- und Volkssprache mit allen Vorzügen und Nachteilen der Diktion lebendigen Zu- und Miteinandersprechens, ausgestattet vor allem mit der wesentlich höheren Affektivität spontanen, an die Situation engagierten Selbst-Enäußerns und Appellierens gegenüber der distanzierten, abgeklärten, um Objektivität bemühten Schriftsprache des Intellektuellen oder des unbeteiligten Augenzeugen.

Und das trifft selbstverständlich auch für den Prototyp der Zeitungssprache, für die Überschrift, zu: Auch sie ist geboren aus einer bewußt und notwendig hastig-äußerlichen Einstellung, auch ihre Absicht und ihr Zweck ist vor allem anderen die Berücksichtigung des Bloß-Zeitlichen und Alltäglichen, des in Entwicklung Begriffenen, des Nochnicht-Abgeschlossenen, sprachlich ganz und gar darauf angelegt, in weitesten Kreisen fast um jeden Preis Beachtung herbeizuzwingen und einen augenblicklichen Eindruck hervorzurufen.

Aber die Transposition der umgangssprachlichen Rede in „Schreibe" wirft für die Überschriften-Formulierung doch einige Schwierigkeiten auf, zumal sie ja nicht Rede, sondern ‚nur' Ankündigung einer solchen ist. Für diese besteht im Mündlichen kein unmittelbarer Zwang zur Kürze; dieser aber ist mit der räumlichen Enge im Zeitungsblatt vorgegeben. Es muß hier also versucht werden, in kurzen, wenigen Worten treffsicher und gleichsam im Telegrammstil zu umreißen, was in der mündlichen Umgangssprache ausführlich, ja weitschweifig ausgedrückt werden könnte. ‚Unterschlagungen' von notfalls entbehrlichen grammatikalischen Formen, hauptsächlich von Artikel und Zeitwort, sind eine unausbleibliche Folge. Und es kommen nicht immer schulmäßig korrekte Sätze, sondern eigentlich oft nur Stichworte heraus, die als Überschrift aber verständlich und darum auch brauchbar sind. Nicht nur das Stichwort, sondern auch das Schlagwort erfreut sich von daher größter journalistischer Beliebtheit. Ist es doch nicht nur kurz, sondern zugleich auch von großer Farbigkeit. Farbigkeit, Vermeidung von ‚Papierdeutsch', damit aber Lebendigkeit, Popularität und leichte Verständlichkeit gewährt aber auch das Zeitwort. So hat der verbal konstruierte Titel gegenüber dem nominal gefügten den Vortritt, obwohl doch eigentlich die substantivische Ausdrucksweise ihrer Kürze wegen den Vorrang genießen sollte. Als Motor der Sprache aber ist das Zeitwort unentbehrlich; seine Anschaulichkeit allein ist für die Schilderung konkreter Vorgänge und Zustände tauglich.

Verlängert das Zeitwort die Überschrift, so muß anderswo eingespart werden. Das geschieht bei der Satzlänge. (Selten wird die Wortzahl einer Schlagzeile über fünf oder sechs Worte wesentlich hinausgehen.) Das geschieht auch durch Verwendung von Abkürzungen (wie etwa SPD, CDU, DGB, UNO, EG usw.). Jedoch sind hier auch fragwürdige Methoden im Schwange, wie etwa das Abhacken von Wörtern, weil für die richtige Form die Spalte zu schmal ist. (Die amerikanische Stadt Cl*e*veland/Ohio ist nach einem Mr. Cl*e*aveland benannt, dessen entfallenes ‚a' nicht mehr in die Schlagzeile der seinerzeit einzigen Lokalzeitung paßte!) Schließlich finden sich aus dem nämlichen Grund in den Überschriften häufig Kurz- und Spitznamen (wie etwa *Ike* für Eisenhower oder *Uwe* für den Fußballspieler Seeler). Kürze wird auch erreicht mit dem Ersatz längerer Ausdrücke durch zuweilen recht gewaltsam präparierte, kürzere Synonyme, die nicht selten aus dem Englischen übernommen werden (zum Beispiel *Show* für Vorstellung oder Ausstellung, *Quiz* für Ratespiel und viele andere). Nicht zuletzt aber treten Satzzeichen an die Stelle von Wörtern, das Komma etwa an die Stelle eines „und" sowie – mit dieser Bedeutung in den Überschriften geradezu Hausrecht genießend – der Doppelpunkt nach einem Namen an die Stelle des Verbums „sagte".

Das Prinzip des auf den Durchschnittsleser zugeschnittenen „untersten Niveaus" macht sich auch sprachlich geltend durch strikte Vermeidung von Ausdrücken, die einem Teil des Lesepublikums fremd sein könnten, also das Niveau einer allgemeinen Volksschulbildung überschreiten. Wie vorsichtig insbesondere dabei natürlich von populären Zeitungen verfahren wird, geht aus einer Untersuchung von Heinz Bäuerlein[8] hervor, der aus einer Gesamtzahl von 600 Substantiven in 100 Schlagzeilen (einschließlich zugehöriger Unterzeilen) aus der »Bild«-Zeitung als „möglicherweise nicht klar verstanden" lediglich folgende Wörter herausstellte: Attentat, Chaos, Dämon, Demonstration, Deserteur, Drama, Invasion, Krise, Morphium, Regime, Rivale, Tragödie, UNO.

Die gleiche Untersuchung befaßte sich mit der Erörterung dessen, was sachlich in der Überschrift der genannten Zeitung stand und wie es sprachlich ausgedrückt wurde. Bäuerlein kommt zu dem Schluß, daß in den Titeln nur selten der idealen Anforderung entsprochen wird, den Inhalt der Meldung auf kürzestmögliche Weise zusammenzufassen und gleichzeitig durch geschickte Formulierung des fraglichen Sachverhalts zum Lesen des Artikels anzureizen. Entweder überwog die Funktion des Leseanreizes oder die der sachlichen Kurzinformation, die dort einfach zu gestalten ist, wo es sich um „harte", eindeutige Inhalte handelt, aus denen die Überschrift gleichsam von selbst hervorgeht. Bei den untersuchten 100 Schlagzeilen lag bei 49 Prozent das Schwergewicht auf dem Leseanreiz, also auf dem Versuch, den

---

8 Heinz Bäuerlein: Schlagzeilen – mit der Lupe betrachtet/Kunst und Technik der ‚Headline'. Der Zeitungsredakteur als Psychologe und Augenarzt. In: »Praktischer Journalismus«, Nr. 20, 1957, S. 7.

Leser durch eine prägnante, aber irgendwie geheimnisvolle, das *human interest* allgemein berührende Aussage oder Frage neugierig auf des ‚Rätsels Lösung' im folgenden Text zu machen. 48 Prozent der Überschriften waren sachliche Kurzinformationen, während der Rest von 3 Prozent Meinungsüberschriften darstellten, die einen Wunsch oder einen Zweifel der Redaktion ausdrückten.

Dieses Ergebnis ist selbstverständlich nicht zu verallgemeinern. Es wechselt von Zeitung zu Zeitung und differiert vor allem zwischen den einzelnen Zeitungstypen je nach dem sozial-kommunikativen und also journalistischen Grundgesetz, nach dem sie angetreten sind. Generell aber wird man sagen können, daß in der Informationszeitung der Sachlichkeitsstil, in der Gesinnungszeitung, speziell im Kampfblatt, der engagierte Zweck- oder polemische Stil sowie in der Sensationszeitung[9] selbstverständlich der lockere Feuilleton- und Unterhaltungsstil vorherrschen wird.

Entsprechendes gilt von den Ressorts, auch innerhalb des typischen Informationsblattes. Politische und wirtschaftliche Themen, Fachfragen überhaupt, verlangen sachliche (aber keineswegs immer tierisch ernste) Überschriften, während Lokal-, Kultur- und Sportteil sowie das sogenannte „Vermischte" wahre Tummelplätze kecker, amüsanter, expressiver Überschriften sind, in denen beachtlicher Leseanreiz durch Abwandlung von Zitaten, Sprichwörtern, Buch- und Filmtiteln, durch Wortspiele, Alliterationen, Metaphern und Kontraste angestrebt wird. Hier waltet der Ton geistreicher (oder wenigstens geistreich sein wollender) Plauderei vor.

Davon kann natürlich im Raum des Kampfblattes keine Rede sein. Hier ist aller Inhalt Politik. Und daher ist auch die Überschrift prinzipiell Werbung und/oder Polemik. Hier ist das Klima der Kampf- beziehungsweise Versammlungsrede atmosphärisch greifbar, hier herrscht das Räsonnement des Pamphlets, der Pasquille, der angreifenden Flugschrift, während die moderne Zeitung – mit Ausnahme

---

9 Zu den hier aufgeführten Zeitungstypen siehe: Heinz Starkulla: Medien und Medientypen. In diesem Band, S. 13ff.

allenfalls ihres Editorials – ganz wesentlich referierende ‚Neue Zeitung' geblieben ist, oder doch selbst dort, wo sie sich meinungsmäßig engagiert, nahezu unter allen Umständen den Eindruck einer reinen Informations-Zeitung nach außen wahren will. Was aber könnte parteiliches Eigenengagement besser verdecken als die bemühte Herausstellung kühl-sachlicher Überschriften, die den distanzierten Augen- und Ohrenzeugen, den *sine ira et studio* Urteilenden ankündigen – eine Versprechung, die dann unter Umständen von dem tendenziösen Text ganz und gar nicht eingehalten wird.

Was also ihre Überschriften angeht, so wird man mit großer Berechtigung generalisieren können, daß die Gesinnungs-Zeitung ebenso wie die Kampfzeitung in ihnen oft viel mehr Substanz und Brisanz in Aussicht stellt, als sie einzulösen vermag. Andererseits bieten engagierte „überparteiliche" Informationsblätter im Text oft wesentlich mehr, als es ein bescheidenes Titelversprechen ahnen läßt. Das können sie sich schon deshalb leisten, weil sie über eine feste Stamm-Leserschaft verfügen und daher nicht darauf verwiesen sind, Käufermassen durch Schlagzeilen-Lockvögel mobilisieren zu müssen.

8. Vermittlungspolitik in der Überschrift

Überschriften beziehen sich auf Texte. Daher ist es schließlich schon erheblich, in welchem Verhältnis der Sinngehalt einer Überschrift oder einer Schlagzeile zu dem Inhalt der zugehörigen Kommunikationsmanifestation steht. Welche möglichen Sinnbeziehungen zwischen der Überschrift als einer ankündigenden Kurzformulierung der vermittelten Mitteilung und eben dieser vermittelten Mitteilung selbst sind auszumachen?

Aus der verwirrenden Fülle möglicher Zusammenhänge sei hier nur auf einige typische, unterschiedliche Relationen hingewiesen:

a) Der Text der Überschrift ist *abgekürzte, ankündigende Inhaltsangabe der eigentlichen Kommunikation*, das heißt, die Überschrift bringt nichts, was nicht auch in dieser zu finden ist, erscheint mithin als – abgekürzte – Verdoppelung der Kommunikation.

b) Der Text der Überschrift enthält *die Meinung der Redaktion, wie sie die eigentliche Kommunikation beurteilt oder beurteilt wissen möchte.* Die Überschrift geht nun also inhaltlich über den reinen Sachverhalt hinaus, der sich in der Kommunikation darstellt. Sofern sie noch einen Hinweis auf den objektiven Inhalt enthält, ist dieser nebensächlich im Vergleich zur Hauptabsicht: durch Kundgabe der redaktionellen Auffassung den Leser gedanklich oder gefühlsmäßig zu präparieren, voreingenommen zu stimmen, bevor er die eigentliche Kommunikation – wie immer sie beschaffen sein mag – liest, das heißt auf sich wirken läßt.

Das aber heißt: die Überschrift als solche ist im letzteren Fall publizistische Kommunikation, politisches oder sonstwie tendenziöses Wirkungsmittel geworden, dessen ‚Nachricht' auf Bewegung des Willens zu politischem und sonstigem Handeln tendiert; der Rezipient möge sich nach dem in der Überschrift Gesagten richten – dies generell, weil es der politischen oder allgemeinen Vernunft entspricht; er möge sich indessen speziell auch bei der Beurteilung des eigentlichen Textes danach richten, was die Überschrift als ‚vernünftige' Quintessenz des Übermittelten präponiert, als allein logisch und sachlich richtige Schlußfolgerung offeriert.

Mit anderen Worten: Nicht mehr die sachlich-logischen Inhaltsbeziehungen zur eigentlichen Kommunikation (wie im erstgenannten Überschriften-Typ), sondern die politisch-psychologische Einstellung auf den Leser hin bestimmen Form und Text der Überschrift, speziell der Schlagzeile. Die publizistische Überschrift tritt in Konkurrenz zur publizistischen Nachricht und stellt das Ausgangsmaterial für eine die Nachrichten-Politik der Zeitung ergänzende und verstärkende Überschriften- oder Schlagzeilen-Politik.

Sieht man sich das logische Verhältnis von Überschrift und Kommunikation an, so ergibt sich eine unerschöpfliche Skala von Abstufungen. Hier seien lediglich wiederum einige typische Fälle herausgegriffen:

- Sehr häufig werden *Tatbestände in die eigene Begriffs- und Formelapparatur übersetzt*. Dabei werden einzelne, propagandistisch besonders ergiebige Fakten aus anders gemeinten Motivationszusammenhängen herausgerissen und auf Grund der eigenen Ideologie uminterpretiert. Auf diese Weise ist es möglich, den ursprünglichen Sinn einer Kommunikation in ihr Gegenteil zu verkehren. Andererseits kann in diesem Bereich keinesfalls ohne weiteres von ‚Fälschung' oder ähnlich negativ-manipulativen Techniken die Rede sein, solange nur das Grundrecht in Anspruch genommen wird, einen Standpunkt einzunehmen und von diesem aus objektive Gegebenheiten zu interpretieren. Auf diesen Voraussetzungen beruht jegliches Werturteil und ist als echte Überzeugung gegebenenfalls uneingeschränkt ‚wahr'.

- *Einzelne Inhaltselemente werden aus der Komplexität und Konditionalität des Zusammenhangs gelöst* und in der Überschrift isoliert, also ‚gewichtend' hervorgehoben.

- *Der Inhalt der Überschrift wird nicht dem Faktischen der Kommunikation entnommen*, sondern dem alle Konjekturen freilassenden *Bereich potentiell aus dem Faktischen sich ergebender, mithin nur vermuteter oder vermutbarer Konsequenzen* oder dem Faktischen möglicherweise, aber nicht beweisbar sicher zugrundeliegender Motive.

- Vereinzelte Vorkommnisse werden in Analogie gesetzt, verallgemeinert oder sonstwie pauschaliert und vergrößert; im Grunde handelt es sich in all diesen Fällen um *Übertreibung und Aufbauschung des jeweiligen Gewichts der Kommunikation*.

- Nicht selten findet sich auch die Technik einer *tendenziösen Gegensuggestion gegen Kommunikationen, die der eigenen Sache nicht günstig oder förderlich sind*. Um ihnen den publizistischen Stachel zu nehmen, wird das Faktum beziehungsweise das Urteil des Gegners ironisiert oder angezweifelt; der Leser soll also schon in der Überschrift veranlaßt werden, das Gegenteil des im Text Ausgesagten für wahr zu halten.

- *Text der Überschrift und Inhalt der Kommunikation fallen total auseinander*; die Überschrift sagt etwas aus, was durch den Inhalt des Eigentlichen der Kommunikation in keiner Weise zu verifizieren ist. (Hierüber wird im folgenden Schlußabschnitt ausführlicher zu handeln sein.)

Es dürfte sich nach den Ausführungen über das Phänomen der Sozialen Zeit-Kommunikation, ihren Formen und ihrer Manifestation in den diversen Zeitungstypen erübrigen, den jeweiligen Stellenwert und die sozial-kommunikative Rolle vorstehend genannter Ausprägungen publizistischer Überschriften-Politik im einzelnen zu bestimmen. Sie alle sind ‚natürliche' Erscheinungen im Rahmen der Sozialen Zeit-Kommunikation und erfahren ihre ‚natürliche' Manifestation im Raume der Druckschrift Zeitung.

In einer pluralistischen, demokratischen Gesellschaft herrscht pluralistische Kommunikation und schlechthin unbeschränkt-pluralistische Werturteilsfreiheit – von ihrem Wesen her und als Grundrecht, weil nun einmal Demokratie auf der unsentimental ausgefochtenen Konkurrenz der Meinungen beruht, die ‚falsch' immer nur von der urteilenden Gegenposition aus sein können, aber als Laut oder Schrift gewordene Selbstdarstellung der Person in jedem Falle ‚wahr' und ‚richtig' sind, unter persönlichem Aspekt eben diesen und keinen anderen Sinn haben. ‚Gesinnung' als solche ist daher im demokratischen Staat nicht judikabel. Es gibt keinen grundgesetzlich begründeten oder begründbaren Rechtstitel, ihre kommunikative Demonstration einzuschränken oder zu verbieten. Das Recht auf Gesinnung steht als unverlierbares persönliches Recht weit über jedem Interesse des Staates oder welchen Kollektivs auch immer, steht – religiös formuliert – unmittelbar zu Gott und unterliegt daher allein dem Urteil des eigenen Gewissens.

Daß dieses freilich durch Zufuhr von Informationen, von Wissen letztlich, belehrbar ist, unterliegt keinem Zweifel. Aber eben dieser Tatbestand erbringt die pragmatische Rechtfertigung unverkürzten demokratischen Meinungskampfes. Anders ausgedrückt: ,,Die Demokratie braucht den Krach!" Der ,,Krach" ist einer der stärksten Impulse für die Bildung von den die Demokratie konstituierenden ,,öffentlichen

Meinungen", ganz abgesehen davon, daß die Teilnahme an der allgemeinen Auseinandersetzung (selbst zwischen Vertretern extrem auseinanderklaffender Standpunkte) ein Gemeinschaftsgefühl erzeugt, bewahrt und fördert – das Bewußtsein nämlich, zu der einen großen Diskussionsgemeinschaft der Mitbürger zu gehören, in der jeder zu Wort kommen kann. Man kann sich also nicht nur auseinander-, man kann und muß sich auch zusammenstreiten.

9. Von der Wahrheit in der Überschrift

Die Überschrift, so hatten wir erkannt, ist prinzipiell *Ankündigung einer eigentlichen Kommunikation*. Damit aber ist die Frage nicht beantwortet, ob sie als sprachlich eigenständige, von jener isoliert vorzustellende, selbständige Kommunikation mindestens gedacht werden könnte oder nicht, und – wie immer die Antwort ausfallen mag – in welchem Verhältnis sie zu den Mitteilungen steht, auf die sie sich gegebenenfalls nicht bezieht, aber denen sie doch zweifellos voran- und/oder vorausgesetzt ist. Diese Fragen sind nicht leicht zu beantworten. Die Sichtung des einschlägigen Materials hilft hier weiter.

Eine gewisse Selbständigkeit der Überschrift liegt sicherlich dort vor, wo sie nichts weiter als vollständig ankündigende Inhaltsangabe der eigentlichen Kommunikation ist, wo sie als ,,verkürzte Verdoppelung" dieser Kommunikation erscheint, die im gegebenen Fall auch als selbständige Kurz-Meldung publiziert und inhaltlich gleichlautend – wenn auch als Extrakt – verstanden werden könnte. Andererseits verliert die eigentliche Kommunikation nichts von ihrem Inhalt und ihrem Sinn, wenn – was in der Zeitung bei Platzmangel oder anderen Widrigkeiten vorkommen kann – die Überschrift ausfallen müßte oder entfernt würde. Wir haben es hier also mit im Grunde vollkommen voneinander ablösbaren, selbständigen Einheiten zu tun, die zwar nicht identisch sind, aber identisch verstanden und beurteilt werden können, weil die Überschrift die Kommunikation voll manifestiert, das heißt ,,verkürzt verdoppelt". Damit sind die Beziehungen eindeutig bezeichnet, so daß Zweifel kommunikativer Art nicht aufkommen, wenn die Kommunikation – und damit auch die Überschrift und mithin das Ganze – eine Lüge ist.

In allen anderen Fällen wird dagegen von einer wesentlichen Selbständigkeit der Überschrift im Verhältnis zum dazugehörenden Text nicht die Rede sein können, auch dort nicht, wo der Text der Überschrift und der Text der eigentlichen Kommunikation verbal und dem Sinne nach wirklich oder auch nur scheinbar total auseinanderfallen; dasselbe gilt, wo die Überschrift etwas ankündigt, was durch den folgenden Text in keiner Weise zu verifizieren ist (oder wo doch wenigstens ein derartiger Eindruck besteht).

Echte Diskrepanzen dieser Art können im Prozeß der Übrschriftengestaltung unabsichtlich oder absichtsvoll entstehen oder herbeigeführt werden; unabsichtlich dann, wenn sie auf einem Versehen oder auf einem ,,Betriebsunfall" beruhen; absichtlich indessen, wenn sie auf intendierte Lüge oder auf schuldhaftes, gegebenenfalls strafbares Handeln – oder auf ‚publizistische' Überschriften-Politik zurückzuführen sind.

Unabsichtliches Versehen liegt vor, wenn Überschriften-Pannen entstehen, etwa
- in der Hast der Zeitungsarbeit, zum Beispiel infolge eines Mißverständnisses des Textes durch den (Überschriften-)Redakteur; oder
- als Fehler zweiter Hand, wenn fehlerhafte Wortlaute unkorrigiert von Agenturen, Pressediensten oder Mitarbeitern übernommen werden; ferner
- infolge telefonischer Übermittlungs- oder Hörfehler; sodann
- infolge eines Übersetzungsfehlers; und schließlich auch
- durch Vertauschung von Texten und Überschriften in der Satzherstellung oder sonstwie auf dem Weg der Produktion.

Zwar klaffen in den genannten Fällen Überschrift und Text auseinander, aber es liegt doch nur eine ganz äußerliche ,,Selbständigkeit" der Überschrift vor, die auf einem gleichsam ,,gestörten Verhältnis" zum Text beruht, ,,Panne" ist, die behoben worden wäre, wäre sie nur rechtzeitig erkannt worden. Gewollt war in solchen Fällen zweifellos eine Überschrift, die den Text inhaltlich deckt oder in anderer Weise ankündigt, die sich jedenfalls unmittelbar auf ihn bezieht, mit ihm ein korrelierendes Ganzes bilden sollte. Die Zeitung wird, falls es sich um einen faux pas von einigem Belang handelt, in der Regel nicht zögern, sich in der nächsten Ausgabe für das Versehen zu entschuldigen und es, soweit möglich, zu korrigieren und richtigzustellen.

Gleichfalls nur ganz äußerliche Selbständigkeit, aber – im Gegensatz zur Panne – intentional verursachtes, schuldhaft herbeigeführtes „gestörtes Verhältnis" zum Text liegt vor, wenn die Überschrift (und nur diese, nicht der Text) erlogen ist oder die Tatbestandsmerkmale des Betrugs aufweist. Zwar lügt und betrügt hier im Grunde nur die eine, nämlich die Ankündigungskomponente der Kommunikation, aber Lüge beziehungsweise Betrug werden in der Regel erst wirksam und offenbar durch das Zusammenhalten dieser beiden Elemente; und sie verlieren unter Umständen diesen Charakter, wenn sie voneinander isoliert werden. Sie sind daher – wenigstens regulär – fest aufeinander bezogen, so daß weder die Überschrift noch der Text echte Selbständigkeit genießen, vielmehr gewissermaßen eine Art publizistischer Schizophrenie erkennen lassen.

Ausgesprochene Überschrifts-Lügen dieser Art kommen – im Gegensatz zu Lügen, in denen Überschrift und Text ein harmonisches (Lügen-)Ganzes bilden – in der Zeitungspraxis kaum vor; denn sie richten sich als vernichtende Waffe allein gegen die publizistische Glaubwürdigkeit und gegen die wirtschaftliche Existenz des Blattes und erweisen sich damit als tödliche Eigengefährdung. Daher ist die Zeitung gezwungen, entweder ganz (mittels Überschrift und Text zugleich) oder gar nicht zu lügen. Das Dritte, nämlich die dem Leser sofort erkennbare, partielle Lüge, bedeutet Zeitungs-Selbstmord.

Das frühere Organ der deutschen Zeitungsverleger berichtet von einem seltenen Fall dieser Art aus dem Jahr 1920. In dem Berliner Nachkriegs-Skandalblatt »Der Galgen« stand unter der Überschrift „Revolution in Paris – bisher 100 Tote" ein Artikel, dessen verschämter Schlußsatz kleingedruckt verkündete: „In memoriam 1789." Viele Leute kauften die Nummer wegen der Überschrift in dem Glauben, daß es sich um einen aktuellen Vorfall handle. Der Herausgeber wurde wegen Betrugs bestraft.[10]

Von einer Selbständigkeit der Überschrift kann noch viel weniger bei der Überschriften-Politik die Rede sein, die auf Bewegung des Leserwillens zur Rezeption und zum Kauf gerichtet ist und daher alle psychologischen Wirkungsmittel voll zur Geltung zu bringen trachtet. Das aber bedeutet, daß durchaus kommunikations-legitim der objektive Inhalt aus der Ankündigung zurücktritt und die expressive Kundgabe sowie der publizistische Appell, die Aufforderung, Form und Inhalt der Überschrift bestimmen.

Es wäre daher von Grund auf verfehlt, aus dem nun verkürzten logischen Gehalt der Überschrift auf eine Tendenz zur Lüge oder zum Betrug im Dienste eines ausartenden publizistischen oder absatzwerblichen Beeinflussungswillens der Zeitung zu schließen. Wohl ist letzterer in der Überschriften-Politik in starkem Maße wirksam und spürbar, aber er „lügt" nicht. Vielmehr bezieht er sich in der Ankündigung oder Aufforderung nicht mehr auf Fakten, auf logische Tatbestände, sondern auf Gefühle, Strebungen und Gedanken *zu* diesen objektiven Fakten, also auf psycho-logische Tatbestände. Diese aber sind „wahr" in jedem Falle.

Dazu kommt, daß die psycho-politisch aufgeladenen, sich vom Inhalt der eigentlichen Kommunikation mehr oder weniger stark abhebenden Überschriften eben aufgrund ihrer Lockvogel-Funktion bedeutende Objektivierungseffekte zu erzielen vermögen. Als starker Ausdruck üben sie unter Umständen einen kräftigen Aufforderungsreiz zur Rezeption der (objektiven, in sich logischen) Kommunikation aus, die gerade wegen ihres – echten oder nur scheinbaren – Kontrastes zum Inhalt der Überschrift unvermeidlich kommunikative Regelungsprozesse in Gang setzen wird.

Daher finden solche Überschriften auch vielfach Verwendung, wo von vornherein die Rezeption des Eigentlichen angezielt ist, das heißt als Mittel zum Zweck, indem sie lediglich die Stimme der ankündigenden Ausrufer und Marktschreier transformieren, aber nicht selbständige Wirkung intendieren.

---

10 Dargestellt nach: »Zeitungs-Verlag«, Magdeburg, 21. Jg. Nr. 34/1920, Sp. 1072.

So wird deutlich, daß die Überschrift und die eigentliche Kommunikation, auf die sie sich bezieht, in aller Regel nur scheinbar auseinanderfallen, wenn ihre Texte sich inhaltlich nicht decken. Sie stellen tatsächlich ein Kommunikationsgefüge dar, dessen Teile – Ankündigung und eigentliche Mitteilung – sich wie Glieder eines lebendigen Organismus gegenseitig fordern und bedingen, sich trotz aller Verschiedenheit harmonisch zusammenfügen und ein in sich geschlossenes Ganzes bilden. Zweiteilig angelegt, sind beide Teile dialektisch beschaffen und geordnet. Sie fordern und ergänzen sich wie Satz und Gegensatz, Frage und Antwort, gespannte Erwartung und Befriedigung gegenseitig, um ein Gedanken- und Kommunikationsganzes herzustellen. Dieses Ziel wird – wie in der grammatischen oder oratorischen Periode – im zeitungsmäßigen Kommunikationsgefüge eben dadurch angestrebt und regelmäßig auch erreicht, daß die Überschrift durch Form und Stellung auf den Text – als die wesentliche Ergänzung – hinweist. Erst mit dem Schluß des Ganzen wird ein die Spannung lösendes, befriedigendes Verständnis der Mitteilung möglich.

III. Zeitschriften

Wollte man ein Bild des deutschen Zeitschriftenwesens der Gegenwart aus der Perspektive eines Lesers zeichnen, der an einen Kiosk herantritt, es wäre wenig gewonnen, wenn man berücksichtigt, daß er hier im besten Falle gerade ein Prozent aller Zeitschriften vorfände, nämlich jene ,,publiken" Blätter, die sich an alle wenden und deshalb ein öffentliches Angebot lohnen. Wer sich umfassender informieren will, muß schon zum Zeitschriftenkatalog greifen. Aber selbst dessen viele Tausende von Titeln verzeichnende Aufstellung bietet noch kein komplettes Bild. Es fehlen weitere Tausende von Blättern, die gleichsam ,,unter Ausschluß der Öffentlichkeit" erscheinen und daher den Bibliographen nicht bekannt geworden sind.

Dem geradezu riesenhaften Umfang des Zeitschriftenwesens entspricht eine hochkomplexe Struktur. In unzählig abgewandelten Erscheinungsformen suchen Verleger, Drucker und Journalisten den speziellsten Wünschen der Leser und Käufer gerecht zu werden, so daß – um nur ein Beispiel anzuführen – ein wissenschaftliches Handbuch die deutschen Zeitschriften nach ihren wichtigsten Inhaltstypen in nicht weniger als 31 Haupt- und 394 Untergruppen zu gliedern vermag, ohne den Anspruch zu erheben, damit die Rubrizierungsmöglichkeiten ausgeschöpft zu haben.

Im Unterschied zu den inhaltlich universellen und daher in ihrer Struktur monolithischen Schwestermedien Zeitung, Rundfunk und Fernsehen nehmen sich demnach Zeitschriften offensichtlich auch der speziellsten Themen und Stoffbereiche des sozialen Lebens in *selbständigen* periodischen Publikationen an und suchen so ganz bestimmte, *partikulare* Unterrichtungs-, Meinungs- und Unterhaltungsbedürfnisse in der Gesellschaft laufend zu befriedigen, auch wenn viele von ihnen universelle, gesellschaftsweite Verbreitung erlangen und manche nach propagandistischer Vergesellschaftung ihrer Inhalte trachten. Da sich die Tendenz zur Spezialisierung aus der zunehmenden Differenzierung des modernen sozialen Lebens herleitet, werden Umfang und Farbigkeit des gegenwärtigen deutschen Zeitschriftenwesens den nicht sonderlich überraschen, der sich die überaus differenzierte Sozialstruktur einer hochentwickelten Industriegesellschaft wie der Bundesrepublik Deutschland vergegenwärtigt und sich die demokratisch-pluralistische

Vielfalt ihrer Lebens- und Leistungsräume, ihrer Geselligkeits-, Interessen- und Wertgefüge vor Augen hält.

1. Kommunikative Integration und Spezialisierung

Das Geistesleben moderner Industriegesellschaften ist zunehmend dadurch charakterisiert, ja überhaupt ermöglicht, daß *neben* die unmittelbare Produktion geistiger Darstellungen, neben die direkte Mitteilung und Vermittlung auch von Kommunikation, in immer stärkerem Maße deren *Reproduktion* mittels industrieller Sachgüter tritt, im Bereich also der Publikationen das massenhaft produzierte und massenhaft verbreitete – damit jedermann zugängliche – ,,Massenmedium".

Das hat zur Folge, daß das kulturelle und insbesondere kommunikative Leben heute nicht mehr nur von lebendigen Kräften getragen wird, sondern auch und vor allem von, ihre unmittelbaren Darbietungen tausend- oder gar millionenfach multiplizierenden, ökonomisch-technischen Kulturdingen: Neben das Theater treten Film und Fernsehen, neben die Vorlesung und Erzählung das Buch, und neben die Nachricht und Erörterung von Gegenwartsfragen die Zeit-Schrift (im weitesten Sinn des Wortes).

Die ,,Massenmedien" Zeitung und Zeitschrift bedingen und ergänzen einander notwendig in dem Prozeß der ,,Massenkommunikation", der neben die lebendige soziale Zeit-Kommunikation tritt und bestimmten – von produzierenden und vermittelnden Journalisten als für die Information der Gesellschaft wichtig erachteten – Nachrichten und Meinungen zum Zeitgeschehen gesellschaftsweite Verbreitung (Publizität) verleiht. *Differenzierung* und *Integration* bedingen und beherrschen dialektisch Inhalte, Strukturen und Funktionen der ,,Massenmedien", der universellen Zeitung ebenso wie der spezialisierten Zeitschrift. Das ist aus den Spalten der Blätter leicht herauszulesen:

Die *universelle, integrierende Zeitung* unterteilt ihren Stoff in spezielle Sparten und Rubriken, die den Gliederungen der Gesellschaft nach den großen Lebens- und Schaffensbereichen Politik, Wirtschaft und

Kultur entsprechen und nahezu jeder weiteren Differenzierung offenstehen. Jedes einzelne Ressort ist, für sich genommen, spezielle politische, Wirtschafts- oder Kultur-,,Zeitschrift", von der echten – als Publikation selbständigen – Zeitschrift hauptsächlich durch das räumliche Beieinander divergenter Stoffe in dem einen Medium Zeitung unterschieden. Die Tendenz der Zeitung zur spezialisierenden ,,Verzeitschriftung" setzt sich fort in zahlreichen Jugend-, Mode-, Film-, Sport-, Technik- sowie vielen weiteren und anderen *Sonderseiten und -beilagen*, von denen im Bereich des deutschen Zeitungswesens gegenwärtig rund 1600 in täglichen bis vierteljährlichen Intervallen regelmäßig erscheinen, und sie endet bei dem der Zeitung beigelegten ,,Supplement", das den Übergang zur eigenständigen Zeitschrift bildet. Ausgliederungen solcher Sparten und Beilagen in den Zeitschriftenbereich sind keine Seltenheit.

Aber es hieße die Funktion der grundsätzlich universellen Zeitung verkennen, wollte man ihr Differenzierungsabsichten unterstellen, die auf Herauslösung eines Spezialgebietes und seiner Etablierung als selbständige Zeitschrift dienen. Ihr geht es vielmehr immer und ausschließlich um die *Integrierung spezieller Kommunikationsbereiche* in den Kreis ihres ,,*general public*".

Es ist bezeichnend, daß der äußere Anlaß für diese kulturnotwendige Universalisierung in aller Regel viel seltener journalistisches Vermittlungsethos ist, sondern ganz überwiegend die mit der Ausweitung des redaktionellen ,,Umfeldes" verbundene Aussicht auf die profitable Erschließung von werblichen Teil- und Sondermärkten. Schon Aristoteles hatte die enge Nachbarschaft von Agora und Warenmarkt als für die soziale Kommunikation hochbedeutsam herausgestellt; heute finanziert der im Anzeigenteil drucktechnisch realisierte kommerzielle Warenmarkt vielfach die Agora der politischen Kommunikation, drängt jedenfalls nolens volens, gleichsam das Werk der Hegelschen ,,List der Vernunft" betreibend, das Medienwesen zur immer weiteren Entfaltung.

Daher ist es in der Regel der *Verleger*, der aus geschäftlichen Rücksichten den Prozeß der *Differenzierung* von Inhalten auch in den Zeitschriften einleitet: Die Aussicht auf fette Anzeigenplantagen verlockt nicht zuletzt dazu, die Spezialisierung einer ohnehin schon speziellen Zeitschrift noch weiterzutreiben, etwa einem allgemeinen Frauenblatt „Journale" oder „Breviere" für Babypflege, Kindererziehung, Teenager- oder Matronenmoden, Kosmetik, Wohnkultur und manch anderes mehr einzulegen oder einem Wirtschaftsblatt ein Technik-Separatum anzufügen, kurz: die „*Zeitschrift" in der Zeitschrift* zu etablieren.

Aber auch der entgegengesetzte Weg der Integration steht offen, der zu immer weiter ausgreifendender Adaptation von speziellen Kommunikationsbereichen bis hin zur tendenziell universellen Zeitschrift, ja zur Zeitung führt. Mehr als ein lokales Anzeigenblatt ist diesen Weg gegangen, und nicht nur ein ursprünglich sehr spezielles Unterhaltungsblatt hat sich zur „Illustrierten" mit Millionenauflage gemausert.

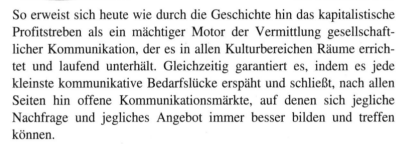

So erweist sich heute wie durch die Geschichte hin das kapitalistische Profitstreben als ein mächtiger Motor der Vermittlung gesellschaftlicher Kommunikation, der es in allen Kulturbereichen Räume errichtet und laufend unterhält. Gleichzeitig garantiert es, indem es jede kleinste kommunikative Bedarfslücke erspäht und schließt, nach allen Seiten hin offene Kommunikationsmärkte, auf denen sich jegliche Nachfrage und jegliches Angebot immer besser bilden und treffen können.

Damit wird die sozialkulturelle Bedeutung der „Massenkommunikation" in einer hochdifferenzierten Industriegesellschaft offenbar, die auf kommunikative Integration ihrer räumlich weit verstreuten Menschenmengen sowie neben-, mit- und gegeneinander agierenden Gruppen angewiesen ist, in und zwischen denen soziale Beziehungen ganz überwiegend nur noch mittels technischer Hilfsmittel aufrechtzuerhalten sind. Eben das leisten die „Massenmedien" mit ihren gewaltigen Auflagen: Ihre Publizität – anstelle der im direkten Mitteilungsverkehr nicht mehr zu erzielenden Öffentlichkeit der Lebensräume – bewirkt die soziale Integration des Einzelnen in spezielle Gruppen, der Gruppen in die Gesellschaft. Das ständige Lesen der Publikationen ist unerläßliche Voraussetzung für die Teilhabe an gesellschaftlichen Vorgängen außerhalb des eigenen, notwendig eng begrenzten Lebensraumes. Mit Hilfe der Zeit-Schriften findet das Individuum Zugang zu den Bereichen, die seine engeren Sozialbindungen überschreiten, und dadurch vor allem ist es in die Lage versetzt, das, was sich ihm als „seine" Gruppe und schließlich als „seine" Gesellschaft darstellt, zu erleben und mitzugestalten.

2. Technisch ermöglichte Versammlungsräume

Demgemäß gelten als *„Zeitungen"* heute nun jene universellen Medien der Massenkommunikation, die rascheste Publikation des gesamten, oder doch – nach Auffassung der Journalisten – „wichtigsten" sozialkulturellen Tagesgeschehens und -geredes anstreben, um damit potentiell jedermann über die gesamtsozialen Zusammenhänge zu informieren. Die äußerste Konzentration von unbegrenzter Universalität und höchster Aktualität ihrer Inhalte, infolgedessen auch weitester, die ganze Gesellschaft umgreifender Publizität und knappester Periodizität des Erscheinens sind ihre Gestaltungsmerkmale; die Integration aller differenzierten Gesprächsthemen und -gruppen zur umfassenden Einheit und Ganzheit sozialer Zeit-Kommunikation ist ihre Funktion.

Hieraus eben resultiert die *kommunikative Vogelperspektive der Zeitung*, die den Leser gleichsam mit einem Blick die gesamte aktuelle Kommunikationslandschaft seiner Gesellschaft erfassen läßt. Ohne diesen Blick „von hoher Warte", dem zwangsläufig viele Details verborgen und manche Zusammenhänge allzu einfach dargestellt erscheinen mögen, wäre er außerstande, sich im sozialkulturellen *Insgesamt* zurechtzufinden.

Nicht weniger aber ist der Leser, das Individuum schlechthin, dem seine speziellen sozialen Rollen ja zunächst von seiner unmittelbaren Umwelt, den Sub- und Sonderkulturen seines Lebens- und Schaffensbereichs aufgeprägt sind, in die *speziellen Kommunikationskreise* dieses Insgesamts hineinverwoben. Sie vor allem muß er überschauen können, will er als Zeitgenosse bestehen und wirken, und deshalb sind ihm gerade in diesem engen Lebensbereich sozial-kommunikative Vermittlungsdienste unentbehrlich. Nur in Ausnahmefällen wird die universelle Zeitung sie voll leisten können. Ihr treten in der Regel jene „*Spezialzeitungen*" zur Seite, die sich auf die periodische Vermittlung *partikularer* Kommunikation beschränken und diese Spezial-Funktion auch dann ausüben, wenn sie sich scheinbar „an alle" in der Gesellschaft wenden: *die „Zeitschriften".* Bei ihnen handelt es sich, kurz gesagt, um solche periodische Zeit-Schriften, in deren Raum die journalistische Selektion und Konzentration des Inhalts dem Vermittlungs- und *Publikationsprinzip der Spezialisierung* unterliegt. Sich auf die vorgegebene Differenzierung der gesellschaftlichen Lebens- und Schaffensbereiche einstellend, vermag dieses Massenmedium auf Grund gezielter Einschränkung seiner Leistungen auch speziellsten Bedürfnissen Rechnung zu tragen. Das aber bedeutet zugleich universelle Berücksichtigung dieses Kommunikationsbereichs, heißt soziale Integration von Binnenkommunikation einzelner oder mehrerer Gruppen wie auch deren Repräsentanz nach dem gesellschaftlichen Außen. Somit kann man die *Zeitschrift mit gutem Grund als Zeitung eines sachlich, räumlich, zeitlich, personell oder institutionell differenzierten Lebensbereichs, einer Sub- oder Sonderkultur im Rahmen des sozialkulturell umfassenden Ganzen* bezeichnen.

Aber mit der Herausstellung der Zeitschrift als „Massenmedium" in Millionenauflage ist noch nicht ihre allgemeine, essentielle Grundfunktion, die innere Struktur dieses Kommunikationsgebildes, erkannt. Papierleib und Druckschrift machen die Zeitschrift in der Körperwelt wahrnehmbar und aktionsfähig. Aber sie materialisieren „nur" ein Mittel oder Medium unter vielen, denen allen gemeinsam ist, daß sie – außerhalb ihrer Stofflichkeit liegenden – geistigen, nämlich Mitteilungs- oder Kommunikationszwecken dienen. Mitteilung als Darstellung und Austausch von körperlosen, ungegenständlichen Bewußtseinsinhalten ist unmittelbar nicht möglich. Sie bedarf stets der Vermittlung durch ein natürliches oder technisches Medium, das, in der Mitte zwischen kommunizierenden Partnern gelegen, als ein den Sinnen zugänglicher Träger die mit(einander)zuteilenden Inhalte aufnimmt, speichert und wieder abgibt. Diese „medial geäußerten Inhalte" verweisen daher stets unmittelbar auf die Wirklichkeit der menschlichen Person und die Gesellschaft der Personen, deren kommuniziertes Wissen und Bewußtsein sie dokumentieren, und sie sind daher auch begrifflich und funktional nicht von dem Instrument, dem

Medium, sondern vom personalen Bereich her abzuleiten und zu bestimmen.

Ohne Zweifel vollzieht sich soziale Kommunikation zunächst und vor allem, heute wie seit jeher, im mündlichen Verkehr von Mensch zu Mensch, im Gespräch. Den gemäß ihrer jeweiligen sozialen Rollenstruktur lebenden, denkenden und handelnden Einzelnen und Gruppen in einer Gesellschaft entsprechen allgemeine oder besondere Kommunikationskreise, die in fortwährenden – zufälligen oder verabredeten – Begegnungen die sie berührenden Tagesneuigkeiten und ihr aktuelles Zeit-Bewußtsein austauschen. Diese sozialen Gesprächskontakte gewinnen Dauercharakter auf öffentlichen Plätzen oder in geschlossenen Räumen, auf beziehungsweise in denen sich das – potentiell – gesellschaftliche Ganze oder spezielle Gruppen alltäglich oder auch in gewissen längeren Fristen zum gemeinschaftlichen Gespräch zu versammeln pflegen. Es sind – vom Thingplatz oder der Agora der Alten bis hin zum modernen Parlamentssaal auf der einen, dem Innungszimmer, Salon oder Vereinsraum auf der anderen Seite – jene großen und kleinen „Stätten der Konversation", ohne die, wie Jacob Burckhardt sagte, die Entwicklung des abendländischen Geistes – damit auch ihrer Gemeinschaften und Gesellschaften – nicht denkbar sei.

Nichts anderes als solche Versammlungsräume und Tagungsstätten sozialkommunikativer Begegnung stellen grundsätzlich auch periodische Zeit-Schriften dar. Als *papierene Räume indirekten geistigen Verkehrs unter Zeitgenossen* treten sie überall dort in Erscheinung, wo das natürliche Sozialmedium Sprache seine Vermittlungsdienste im direkten Gespräch versagt, wo es also der Umwandlung des gemeinschaftlich ausgetauschten „*Wortes zur Zeit*" in multilaterale „*Schrift zur Zeit*" bedarf, um zwischen Menschen, die einander nicht „in Gesellschaft gegenwärtig" sind, kommunikative Gemeinschaft und Gegenwart, Öffentlichkeit, zu stiften oder wiederherzustellen. Zeit-Schriften sind also technische Mediatisierungen und Dislokationen des lokalen Versammlungsraumes, der lokalen Tagungsstätte, deren unmittelbare Gesprächs-Öffentlichkeit sie dann voll manifestieren, wenn sie den auf ihnen versammelten oder zu versammelnden Geist unverkürzt in die Mittelbarkeit einer interlokal vermittelnden *Ver*öffentlichung, in den Presseraum, übertragen.

Zeitschriften im engeren Sinn repräsentieren dann, so gesehen, die Binnenkommunikation spezieller Gesinnungs-, Interessen- oder Geselligkeitszirkel, formaler oder informeller ,,Vereinigungen", die sich die Zeitschrift als mittelbaren Kommunikationsraum zulegen oder die sich um einen solchen Kommunikationsraum, verknüpft lediglich durch das geistige Band gemeinsamer Interessen und Bedürfnisse, neu bilden.

Die Zeitschrift bleibt mittelbar-indirektes *,,Vereinigungs"-Organ* auch dann, wenn sie als Repräsentantin ihrer Binnenkommunikation sich an bestimmte ,,Ziel-Gruppen" – bis hinauf zum gesellschaftlichen Ganzen – wendet, um ein an den Vereinigungszwecken interessiertes oder zu interessierendes, zunächst nur passiv hinhörendes Publikum von Außenstehenden zu erreichen, sei es, um diese als ,,Mitglieder" zu aktivieren, sei es, um diese als Gegner zu bekämpfen, sei es schließlich, um die Öffentlichkeit überhaupt mit ihrem sozialen Standort, ihren Vereinigungszwecken, ihren Forderungen und so weiter vertraut zu machen.

3. Vom Zeit-Gespräch zur Zeit-Schrift

Zeitschriften sind, wie alle Massenmedien, eine relativ junge Erscheinung, denn für das enge räumlich-lokale Zusammensein des mittelalterlichen Gemeinschaftslebens hatten die direkten Formen des sozialen Mitteilungsverkehrs ausgereicht: Auf Fachversammlungen aller Art – von der wissenschaftlichen Disputationsrunde über wirtschaftlich-berufsständische Zunftsitzungen und religiöse Ordenskonvente bis hin zu repräsentativen Kreis-, Land- und Reichstagen – wie auch im gesellig- gesellschaftlichen Kreise – an den Stammtischen der Wirtshäuser, in Spinn- und Badestuben, kurz: überall da, wo sich Gruppen zur Unterhaltung zusammenfanden – vollzog sich kommunikatives Miteinander im mündlich-direkten Zeit-Gespräch aller Nuancen.

Auch fehlte es nicht an mündlichen Formen sowohl eines sozial-vermittelnden Nachrichten-Journalismus wie einer Zustände und Personen der Zeit bewertenden Publizistik. Beider Forum war vorab die Kirchenkanzel, von der herab nicht nur die öffentlichen Bekanntmachungen erfolgten, sondern auch freimütige Kritik an zeitgenössischen Mißständen im Lande, nicht zuletzt an Übergriffen der Obrigkeit, geübt wurde. Auch die *Sermones de tempore* der Volksprediger, vom Range etwa eines Berthold von Regensburg oder eines Albertus Magnus, dienten nicht nur der religiösen Erbauung, sondern geißelten, oft in satirisch-komischer Manier, die Gebrechen der Zeit.

Von Haus aus ,,Feuilletonisten", daneben aber auch Journalisten und Publizisten waren schließlich die ,,Fahrenden", Spielleute und Sänger – allen voran Walther von der Vogelweide –, die von Hof zu Hof, von Markt zu Markt zogen, Kunde aus fremden Landen übermittelten und als ,,öffentlicher Mund ihrer Zeit" der Stimmung weitester Volksschichten Ausdruck in ihren Liedern gaben, die oft genug zu populären Volksliedern wurden und als ,,historische Lieder" ihre Zeit überdauerten. Zu den ,,Fahrenden" gehörte auch die Zunft der Zeitungs- oder Avisensänger, einschließlich der ,,Liederweiber", die zusammen mit den Bänkelsängern, den Bild- und Kriminaljournalisten dieser Zeit, darin wetteiferten, die sensationellen Tagesbegebenheiten in gesungener Form kommun zu machen.

Der *indirekte Mitteilungsverkehr* fachlich-ständischer Gruppen beschränkte sich auf den Austausch von Zeitungs-Briefen, die seit dem Humanismus in kleineren oder größeren Fürsten-, Beamten-, Kaufmanns-, Kleriker- oder Gelehrtenkreisen kursierten und auch, zu Nachrichten-Sammlungen (Briefzeitungen) erweitert, abgeschrieben und im Kreise der Gruppe weiterverbreitet wurden. Hier setzt also die – noch manuelle – Vervielfältigung ein, bald auch von gewerbsmäßigen Zeitungssammlern und -schreibern betrieben, aber nur im allerengsten Kreise von wenig mehr als zehn Beziehern und daher auch von entsprechender Kostspieligkeit.

Erst um die Wende vom 15. zum 16. Jahrhundert setzt mit der zunehmenden Verbürgerlichung der Gesellschaft – die nicht mehr durch das Nebeneinander der Lebensgemeinschaften, sondern durch Zweckverbundenheit charakterisiert ist, die räumlich Entferntes vereinigt – und auf der Grundlage des neuen Buchdrucks, der Entwicklung einer Postorganisation und dem Aufkommen eines Verlagsgewerbes ein allgemeiner Wandel in der Form indirekter sozial-kommunikativer Vermittlung ein. Neben die Versammlung, neben den Brief tritt mehr und mehr die noch unperiodisch erscheinende Gelegenheitspublikation, die Zeit-Schrift als Flugblatt oder Flugschrift, die weitverstreute Zeit-, Arbeits- oder Berufs- und Gesinnungsgenossen kommunikativ wieder vereinigt.

4. Gelehrten-Zeitschrift und Publikums-Zeitschrift

Es waren – von der eigenständigen Entwicklung der durch absolutistische Zensur niedergehaltenen und sich daher unfreiwillig mit bloßer, zudem höchst sporadischer Nachrichten-Vermittlung begnügenden Zeitung einmal ganz abgesehen – in der zweiten Hälfte des 17. Jahrhunderts gelehrte Vereinigungen (Akademien, wissenschaftliche und Sprachgesellschaften), die das Bedürfnis hatten und auch das obrigkeitliche Placet erhielten, über ihren unmittelbaren Wirkungskreis hinaus mit entfernten Fachgenossen, ja mit der ganzen wissenschaftlichen Welt in Verbindung zu treten. Sie waren die ersten auch auf deutschem Boden, die nach dem Vorbild des 1665 in Paris erschienenen »Journal des Sçavans« den mit recht strapaziösen Reisen und einem kolossalem Briefwechsel verbundenen interlokalen geistigen Austausch in periodisch erscheinenden, sehr speziellen Vereinigungsorganen konzentrierten. Berühmte Titel stehen schon am Beginn: Etwa die 1670 von der Kaiserlich Leopoldinischen Akademie der Naturforscher herausgegebenen »Miscellanea curiosa medico-physica« oder die 1682 als Gemeinschaftsblatt zweier Akademien ins Leben gerufenen »Acta eruditorum«.

Es waren, nach ihrem Typ, geradezu klassische „Vereinigungs"-, genauer „Fach-Vereinigungs-Organe", die streng wissenschaftliche Brief- und Sitzungskommunikation in lateinischer Sprache archivartig protokollierten und somit lediglich im geschlossenen Kreise der Zunftgenossen vermittelten, wenn sie auch – dem Charakter der barocken Polyhistorie gemäß – noch ein allgemein-wissenschaftliches Gepräge trugen und sich an die gesamte wissenschaftliche Welt wandten. Wesentlich war, daß diese Blätter als reine Fachzeitschriften die weite Öffentlichkeit ausschlossen, „unpopulär" waren – das Merkmal der Fachzeitschriften bis auf den heutigen Tag.

Noch auf Jahrzehnte hinaus sollten die Gelehrten-Zeitschriften ihren polyhistorischen Charakter beibehalten. Erst in den ersten Jahrzehnten des 18. Jahrhunderts setzte die institutionelle Ausgliederung der Fachwissenschaften ein, traten die ersten speziellen wissenschaftlichen Zeitschriften ins Leben, so daß um die Jahrhundertmitte praktisch jede Disziplin über ihre eigenen Organe verfügte.

Nur wenig später als die Fachzeitschrift, welche die Kommunikation einer bestehenden geschlossenen Vereinigung dokumentierte und im engsten Kreise veröffentlichte, trat die „Publikumszeitschrift" in ihren verschiedensten Ausprägungen auf den Plan. Deren Charakteristikum ist die Sprengung der kommunikativen Exklusivität eines geschlossenen Kreises, die Popularität, ohne daß sich an ihrer „vereinigungs"-kommunikativen Grundstruktur das Geringste ändert. Denn das „Publikum" – im Sinne eines Kreises von passiven Zuschauern oder Zuhörern einer von anderen aktiv gestalteten Veranstaltung – erscheint im Raume solcher Blätter stets als Adressat von Veröffentlichungen, die zunächst die Binnenkommunikation einer Gesprächsrunde darstellen, aber bewußt auf eine verständnisfähige, interessierte Öffentlichkeit abgestimmt sind. Es ist dann Sache des Lesers, der aktiven Kommunikations-„Vereinigung" – etwa durch Leserbriefe – beizutreten, oder, wenn er seine Stimme und seine Interessen in dieser repräsentiert glaubt, weiter im Kreise des scheinbar stummen und passiven „Publikums" zu verharren. Diese Charakteristika der „Publikumszeitschrift" treten in ihren frühen Vertretern nach Titel, Inhalt und Form ganz deutlich zutage.

Wurde das frühe wissenschaftliche Fachblatt von den sie tragenden Gesellschaften überwiegend in eigener Regie herausgegeben, so trat im Bereich der fachlich ungebundenen, gesellig-gesellschaftlichen Kommunikationsvermittlung verlegerische und journalistische Initiative in den Vordergrund. Das Problem des Journalisten war es, eine „populäre" Gesprächsrunde zu ermitteln, deren Kommunikation er an ein interessiertes Publikum weitervermitteln konnte, oder, sofern er einen solchen Zirkel nicht vorfand, ihn gleichsam nachzustellen, indem er sich in Geist, Interessen und kommunikative Bedürfnisse eines jeden fiktiven Gesprächspartners möglichst naturgetreu einfühlte.

Vom prinzipiell Kommunikation vermittelnden, sozial repräsentierenden *Journalisten*, der Kommunikationsrollen „spielt", ist es nur ein Schritt zum die Zeitschrift beherrschenden, oft allein das Wort ergreifenden oder seiner „Partei" zuweisenden *Publizisten*, der dem öffentlichen Wesen und Recht seine Maßstäbe anlegt und von dieser Position aus seine Vorstellungen, Pläne und Ziele in Staat und Gesellschaft öffentlich zu machen und durchzusetzen sucht. Auch sein rhetorisch-propagandistisches Organ beruht wesentlich auf Vereinigungs-Kommunikation, die im Publikum Gesinnungsgenossen, Proselyten zu machen sucht. Hierfür hatte auch der erste bedeutende Zeitschriften-Publizist deutscher Zunge, der Leipziger Aufklärer Christian Thomasius, ein Gespür, als er sein 1688 bis 1690 erschienenes Blatt »Schertz- und Ernsthaffte, Vernünfftige und Einfältige Gedanken über allerhand Lustige und nützliche Bücher und Fragen« als „in einem Gespräch vorgestellt, von der Gesellschaft der Müßigen" deklarierte. Es war ein offener, von Spott triefender Angriff gegen Kastenwesen und Engstirnigkeit der Barockwissenschaft, fingierten Mitgliedern einer fingierten Gesprächsrunde in den Mund gelegt. Zugleich war es der Auftakt einer kämpferischen Aufklärungspublizistik, die das ganze nachfolgende Jahrhundert vorwiegend in Zeitschriften zum Austrag kam.

Kampf gegen den Absolutismus und für eine geistige und sittliche Erneuerung der Gesellschaft im Geiste der Aufklärung, diese beiden Motive verschlingen sich in der deutschen „Moralischen Wochenschrift" des 18. Jahrhunderts, die darum ganz überwiegend eine betont politische allgemeine Gesellschaftszeitschrift ist, auch wenn sie vielfach im Gewand der unverbindlichen Unterhaltungs- oder sittlichen Erziehungsschrift sich tarnte, um der absolutistischen Zensur und dem Verbot zu entgehen. Viele Hunderte dieser Blätter, die meist dem Boden geschlossener, ja geheimer Gesellschaften wie Freimaurerbünden entsprossen waren, sind das ganze 18. Jahrhundert hindurch oft unter den merkwürdigsten Titeln, eines sogar als „Das Wochenblatt ohne Titel", erschienen und erreichten – zum erstenmal in der deutschen Zeitschriftengeschichte – gesellschaftsweite Verbreitung, wurden so zu Publikumszeitschriften, die alle Schichten des Volkes kommunikativ verbanden.

Es gehört zur Tragik der deutschen Geschichte, daß sich der freiheitliche Geist, der sich in diesen Kommunikationsräumen manifestiert und nachdrücklich das Märchen von den unpolitischen, obrigkeitshörigen Deutschen widerlegt, nicht politisch-demokratisch zu organisieren vermochte, sondern im unaufhörlichen Gespräch informeller Gesinnungs-Vereinigungen allmählich ermattete, wenn auch nie völlig erlosch.

Wirklichen oder fingierten Vereinigungen entstammten auch die frühen Kunst- und Literaturzeitschriften, auch diese ein eminent politischer Faktor, von Deutschen, Patriotischen oder Sprachgesellschaften in den Dienst ihrer Bestrebungen gestellt, deutsche Kunst und Sprache als das die deutsche Nation über die Grenzen der über 300 Duodezfürstentümer hinweg einigende Band zu knüpfen und die Gesellschaft mittels der in „National-Journalen" dargebotenen Nationalliteratur kommunikativ zu verbinden. Gottsched, Lessing, Wieland, Schiller und Goethe zeichneten als Herausgeber, Redakteure und Mitarbeiter solcher Blätter gehobener literarischer und literaturwissenschaftlicher Ansprüche, die sich bis 1800 in über 100 verschiedenen Publikationen nachweisen lassen und immer spezielleres Gepräge, etwa von Theater- und Rezensions-Zeitschriften, annehmen.

5. Manifestationen der Geselligkeit und der Gesellschaft

Ganz im Zeichen der Ausgliederung in eine Vielzahl von spezialisierten Blättern stand auch das Fachzeitschriftenwesen der zweiten Hälfte des 18. Jahhunderts. Ein unerhörter Reichtum an – freilich oft nur sehr kurzlebigen, der interessierten Publika ermangelnden – Zeitschriften entfaltet sich in einer Ära ausgesprochener Presseunfreiheit und dokumentiert sowohl die kommunikative Differenzierung einer sich zunehmend formierenden bürgerlichen Gesellschaft als auch deren politische und geistig-kulturelle, auf nationale Integration zielenden Vereinigungs-Bemühungen. Joachim Kirchner hat festgestellt, daß in dem Zeitraum von 1670 bis 1790 im deutschen Sprachgebiet nicht weniger als 3494 Zeitschriften erschienen sind, mehr als in der gesamten übrigen Welt zusammen. Sie verteilten sich auf folgende Erscheinungszeiträume:

1670 bis 1700	58 Zeitschriften
1701 bis 1710	64 Zeitschriften
1711 bis 1720	119 Zeitschriften
1721 bis 1730	133 Zeitschriften
1731 bis 1740	176 Zeitschriften
1741 bis 1750	260 Zeitschriften
1751 bis 1760	331 Zeitschriften
1761 bis 1770	410 Zeitschriften
1771 bis 1780	718 Zeitschriften
1781 bis 1790	1225 Zeitschriften

Sie betrafen nachstehende Kommunikationsbereiche:

Allgemeinwissenschaftliche	440	Militärwissenschaftliche	19
Kameralwissenschaftliche	49	Musikwissenschaftliche	38
Freimaurer/Geheimwiss.	17	Naturwissenschaftliche	160
Historische	345	Ökonomiewissenschaftliche	104
Historisch-politische	155	Pädagogische	117
Juristische	115	Philologische	10

Kunstwissenschaftliche	13	Philosophische	37
Literarische	323	Technische	4
Mathematische	4	Theologische	294
Medizinische	149	„Unterhaltung"	1101

Die größten Verlagsorte dieser Epoche waren:

Leipzig	438 Zeitschriften
Hamburg	226 Zeitschriften
Berlin	224 Zeitschriften und
Frankfurt a. M.	196 Zeitschriften.

Diese Entwicklung verstärkte sich beträchtlich, als mit Beginn des 19. Jahrhunderts – aufruhend auch auf der kommunikativen Einübung durch die Zeitschriften der vorangegangenen Zeit – auf allen Gebieten des sozialen Lebens Vereine neugegründet, umgebildet und erweitert wurden und nicht zuletzt mit Hilfe von Zeitschriften ihren Einfluß auf den Gang der politischen, wirtschaftlich-sozialen und kulturellen Ereignisse und die Gestaltung des Staats- und Gesellschaftslebens auszuüben begannen. Zu nennen sind hier die Zeitschriften des „Jungen Deutschland", die freilich zugleich die Misere der politischen Blätter im Vormärz, das Damoklesschwert des Verbots, erkennen lassen, die »Hallischen Jahrbücher« von Arnold Ruge, das Organ der Junghegelianer, die das gleiche Schicksal erlitten, aber auch konservative Zeitschriften wie die »Eos« und die »Historisch-politischen Blätter« des Görres-Kreises.

Seit der napoleonischen Zeit, verstärkt nach der Juli-Revolution von 1830, war die große politische Diskussion in Gang gekommen und zog sich, wenn die Zeitschriften, die dieser revolutionären Stimmung Ausdruck gaben, von der Bildfläche verschwunden waren, mehr und mehr in gesellige, literarische und geheime politische Zirkel zurück, wenn auch die auf Grund des scharfen Vereins- und Versammlungsrechts verbotenen Vereinigungen demokratisch-republikanischer Richtung ihre Wirksamkeit eingestellt hatten. Erst im Zuge der Erhebung von 1848 erwachten sie kurzfristig zu neuem Leben, um dann erst wieder 1854 in Aktion zu treten, während sich die politische Zeitschrift zu diesem Zeitpunkt schon fest durchgesetzt hatte, insbesondere als Organ politischer Vereine und später der Parteien großen Umfang und eine besondere Bedeutung gewinnt.

Neuere Formen zeichneten sich auch im Bereich der *Unterhaltungszeitschriften* ab. Die neue Technik des Holzstichs bahnte dem populären oder auch gehobenen Bilderblatt, der *„Illustrierten"*, den Weg: 1833 trat mit dem »Pfennig-Magazin«, herausgegeben von einer „Gesellschaft zur Verbreitung gemeinnütziger Kenntnisse", das erste deutsche „Massenblatt" ins Leben, dessen Auflage bald die 60 000 überschreitet. Es folgte 1843 die gut bildungsbürgerliche Leipziger »Illustrierte Zeitung«, Zeitchronik und Bildbericht zugleich und rasch internationale Bedeutung gewinnend; schließlich End- und zugleich Anfangspunkt einer Ära der Millionenblätter, die 1891 entstandene »Berliner Illustrirte Zeitung«, die den Holzstich durch die Autotypie verdrängte und mit der Aufnahme des feuilletonistischen „Tatsachenberichts" den Typ der populären Geselligkeits- und Unterhaltungszeitschrift schlechthin prägt.

Unterhaltungszeitschriften speziellen – oft politischen und literarischen – Charakters waren auch die Witzblätter, die im »Kladderadatsch« (1848) und im »Simplizissimus« (1896) ihre hervorstechendsten Vertreter fanden, aber auch durch viele – inzwischen längst vergessene – harmlose Publikationen repräsentiert werden.

Die – auch zahlenmäßig – gewaltigste Entwicklung vollzog sich jedoch im Bereich der *Fachzeitschriften*. Hier machten sich die unerhörten Ausgliederungen der rasch wachsenden Industriegesellschaft am stärksten geltend. Mit der seit dem Beginn des 19. Jahrhunderts einsetzenden Gewerbefreiheit wuchsen und spezialisierten sich Technik, Handwerk, Industrie, Handel und Verkehr, es bildeten sich zahlreiche Gewerbevereine zur gemeinschaftlichen Pflege von Fach- und Berufsinteressen, und ganz selbstverständlich bedurften diese der vermittelnden Organe, sei es, um den Überblick über den jeweils gegenwärtigen Stand des Faches zu sichern und die Ausbildung voranzutreiben, sei es, um die Berufsinteressen der Fach-Angehörigen nach innen und außen wahrzunehmen. Nicht weniger machte der Ausbau des wissenschaftlichen Fachschrifttums, insbesondere in den naturwissenschaftlichen und technischen Anwendungsbereichen, Fortschritte, und es gab zum Beispiel in der Medizin bald keinen noch so spezialisierten Winkel, der nicht über sein eigenes Fachblatt verfügt hätte.

So schwoll das deutsche Zeitschriftenwesen gewaltig an, ging der immer weiter fortschreitenden Spezialisierung im kulturellen, wissenschaftlichen, politischen und wirtschaftlichen Leben meist unmittelbar hinterher, aber auch oft viele Schritte voraus und hielt durch ihre Kommunikationsvermittlung die Gruppen, ja die Gesellschaft zusammen. Wie sich die statistische Entwicklung der deutschen Zeitschriften im 19. und 20. Jahrhundert darstellte, ist folgenden Zahlen zu entnehmen, die freilich, da sie den verschiedensten, ungleichartigsten Aufstellungen entnommen sind, keinen Anspruch auf volle Geltung erheben können:

1826:	371 Zeitschriften	1910:	5930 Zeitschriften
1848:	688 Zeitschriften	1914:	6370 Zeitschriften
1858:	845 Zeitschriften		Erster Weltkrieg
1867:	1217 Zeitschriften	1919:	3886 Zeitschriften
1875:	1961 Zeitschriften	1920:	4552 Zeitschriften
1887:	2657 Zeitschriften		Inflation
1895:	4281 Zeitschriften	1923:	3734 Zeitschriften
1900:	5079 Zeitschriften	1925:	6127 Zeitschriften
1905:	5658 Zeitschriften	1932:	7284 Zeitschriften

Im eklatanten Widerspruch zu diesen Zahlen – die vor allem buchhändlerischen Zeitschriftenkatalogen entnommen sind und daher auch nur im Buchhandel vertriebene Zeitschriften erfassen – stehen die Zeitschriftenstatistiken der „Deutschen Bücherei" in Leipzig, die sich 1913 bis 1945 bemühte, das gesamte innerhalb und außerhalb der Reichsgrenzen erscheinende deutsch-sprachige Schrifttum zu erfassen. Bei ihr gingen „Zeitschriften" – periodische Veröffentlichungen im weitesten, bibliothekarisch-bibliographischen Sinne, also auch Kalender und Jahrbücher, freilich auch Geschäftsberichte, Adreßbücher usw. – in folgendem Umfang ein:

Jahr	Zeitschriften im engeren Sinne	jährliche Periodika
1914	ca. 14 000 Titel	
1918	13 453 Titel	
1922	18 410 Titel	
1923	15 401 Titel	
1926	16 228 Titel	
1928	17 460 Titel	
1930/31	15 039 Titel	12 583

Veranschlagt man, den Berechnungen der Deutschen Bücherei gemäß, den Anteil der im deutschen Reichsgebiet erschienenen Titel auf 80 % der oben ausgewiesenen Summen, schlägt aber den Anteil der „echten" Zeitschriften unter den jährlichen Periodika hinzu, dann wird man sicherlich auf Gesamt-Zeitschriftenzahlen kommen, die sich von den oben ausgewiesenen nicht sonderlich unterscheiden. Selbst dann ist noch fraglich, ob auch das „letzte und unbedeutendste" kleine deutsche Vereinsblatt in dieser Aufstellung enthalten ist. Mangels einer offiziellen deutschen Zeitschriftenstatistik sind die Zahlen weder zu verifizieren, noch in Abrede zu stellen.

Sicher ist nur, daß die Zahl der Zeitschriften erheblich zurückging, als das Dritte Reich die demokratischen Organisationen und Vereine verbot oder „gleichschaltete", ihre Organe vernichtete, ins Exil trieb oder den Führungsmedien seiner Massenorganisationen einverleibte. Wurden im Jahre 1934 noch 6288, 1939 immerhin noch 4789 – allerdings nur politisch relevante – Zeitschriften gezählt, die über eine Auflage von insgesamt 90 Millionen Exemplaren verfügten, so sank ihre Zahl infolge aktiver und passiver Kriegsmaßnahmen und Kriegseinwirkungen auf nur noch 458 Titel mit 19 Millionen Auflage im Oktober 1944 ab, die mit der Kapitulation im Mai 1945 völlig von der Bildfläche verschwanden.

Die Gegenwart des deutschen Zeitschriftenwesens begann zum gleichen Zeitpunkt mit dem Gesetz Nr. 191 der Alliierten Militärregierung, worin „das Drucken, Erzeugen, Veröffentlichen, Vertreiben, Verkaufen und gewerbliche Verleihen" auch von Zeitschriften generell verboten wurde. Ganz mühsam vollzog sich nur wenig später der Neubeginn im Zeichen des alliierten Lizenzwesens, der „Re-education" im Sinne von vier untereinander nicht immer harmonisierenden Besatzungsmächten und ihrer speziell gehandhabten Nachzensur, einer wertlosen Reichsmark und strengster Papierrationierung sowie sonstiger technischer Engpässe, die alle dem Entstehen eines freien Zeitschriftenmarktes entgegenwirkten.

Erst die Währungsreform im Juni 1948 und die im Jahre darauf verkündete „Generallizenz" brachten die Zäsur; vollends die Gründung der Bundesrepublik Deutschland setzte die Normalisierung der Zeitschriftenverhältnisse in Gang. Konnte das erste Nachkriegsverzeichnis deutscher Zeitschriften in allen vier Besatzungszonen für die Zeit vom 8. Mai 1945 bis zum 30. Juni 1946 nur 305 Titel, darunter 28 Blätter, die schon vor 1945 erschienen waren, erfassen, so stellte sich die Entwicklung in der Bundesrepublik Deutschland statistisch wie folgt dar:

Jahr	Anzahl der Titel	Gesamtauflage
1949	1537	37,5 Mill.
1953	4884	73,0 Mill.
1956	5630	119,1 Mill.
1960	6482	151,8 Mill.
1965	6497	ca. 190,0 Mill.

Auch diese Zahlen sind freilich mit Vorbehalt aufzunehmen, insbesondere die Auflagen fußen auf reiner Schätzung. Wieviele dieser Zeitschriften bereits vor 1945, ja vor 1933 erschienen sein mögen, ist ungewiß; im Jahre 1950 betrug ihr Anteil etwa 20 Prozent. Doch dürfte er in der Zwischenzeit erheblich zugenommen haben. Sicher jedenfalls scheint, daß die überwiegende Anzahl Nachkriegs-Neugründungen sind. Schätzungen zufolge sollen seit Beginn des Ersten Weltkriegs bis heute nicht weniger als 100 000 verschiedene Zeitschriften-Titel erschienen sein – eine gewaltige Zahl, die die Flüchtigkeit nicht nur der Zeitschriften, sondern vor allem der Zeit dokumentiert, die an die Aktualität des Augenblicks gebundene Kommunikationskreise ständig sich vereinigen, bestehen und vergehen läßt.

6. „Vereinigungs"-Publikationen

Es fehlt – wie in der Vergangenheit, so auch gegenwärtig – mangels offizieller Statistiken an präzisen Unterlagen, die es erlauben würden, genaue Zahlen über den wahren Umfang des heutigen Zeitschriftenwesens in der Bundesrepublik Deutschland zu nennen und ein in jeder Hinsicht zureichendes Bild seiner Struktur zu entwerfen, aus dem sich hinreichend exakt auf seine spezifische Funktion und Bedeutung als *ein* „Massenmedium" unter mehreren im Rahmen des sozial-kommunikativen Gesamtzusammenhangs schließen ließe. Aber es gibt doch Anhaltspunkte, die eine gewisse Vororientierung in allen diesen Hinsichten ermöglichen.

Als Ausgangspunkt bietet sich die konstatierte nahe Beziehung der Zeitschrift zum Sozialgebilde des „Vereins" an. War ja die Zeitschrift als typische „Verein(igung)s"-Publikation bestimmt worden, die überall dort in Erscheinung trete, wo formale oder informelle Partikular-Gruppen zu ihrer Kommunikation des vermittelnden „Massenmediums" bedürfen. In der Tat haben nicht von ungefähr etwa zwei Drittel aller in der Bundesrepublik Deutschland erscheinenden Zeitschriften eine unmittelbare Beziehung zu Vereinen, Verbänden und Organisationen im engsten Sinne, so daß als erwiesen gelten kann, daß deutsche Zeitschriften-Liebe mit der gemeinhin als „typisch deutsch" apostrophierten „Vereinsmeierei" in engem Konnex stehen.

Niemand kennt die genaue Zahl und Zusammensetzung der deutschen „Vereinigungen" in allen Kulturbereichen, nicht einmal die der formalen „Vereine", da nur ein Teil von ihnen registriert ist und damit Rechtsfähigkeit erlangt. Verläßliche Schätzungen zielen auf eine Gesamtzahl, die zwischen 400 000 und 600 000 liegt – Vereine und Verbände für jedes Fach und jeden Beruf, für jedes Hobby und jeden

Geschmack, wo Tausende von Sonderbedürfnissen und -interessen sich zusammentun, um im Kreise von Gleichgesinnten Befriedigung, Ergänzung und Verstärkung ihrer Passionen und Zwecke zu finden, insbesondere aber auch Verbindung mit dem politischen, wirtschaftlichen und kulturellen Leben der sozialen Gesamtheit zu gewinnen und darin repräsentiert zu werden.

So gibt es – um nur einige zufällige Ziffern herauszugreifen – im *Fach- und Berufsbereich* allein mehr als 6000 wirtschaftliche Verbände (also Vereine von Vereinen), die rund 10 000 Handwerksinnungen, über 22 000 Genossenschaften aller Art mit 9 Millionen Mitgliedern, wohl 2000 Verkehrsvereine und viele andere mehr umfassen; es gibt weiter mehr als 500 überregionale wissenschaftliche Gesellschaften, an die 100 Ärzte-Verbände mit einigen Hundert Vereinen, 250 Tierzucht-Verbände, darunter allein ca. 1000 Reisetaubenzucht-Vereine – des Aufzählens wird kein Ende.

Vollends unübersichtlich stellen sich die Verhältnisse auf dem Felde der nicht fachlich-beruflich gebundenen, für jedermann zugänglichen *gesellschaftlich-geselligen Vereine* und „Vereinigungen" dar. Nach einer Repräsentativerhebung aus dem Jahre 1956 ist jeder zweite Deutsche in einem „eingetragenen" – also rechtsfähigen – Verein organisiert (von nicht rechtsfähigen Vereinen oder gar ephemeren Zirkeln bis hinunter zum Stammtisch oder Kaffeekränzchen ist hier keine Rede), so daß zum Beispiel 11 Prozent der Deutschen in Sportvereinen, 6 Prozent in Gesang- und Musik-, je 4 Prozent in Schützen-, Jagd-, Feuerwehr- und rein geselligen Vereinen organisiert sind. Das aber heißt in Zahlen, daß in weit über 30 000 Sportvereinen mehr als 6 Millionen Mitglieder zusammengefaßt sind, daß rund 15 000 Sängervereinigungen über 1,5 Millionen Mitglieder aufbringen, daß von den Parteien die SPD über etwas weniger, die CDU über etwas mehr als 10 000 Ortsvereine verfügt, daß schließlich rund 1500 Soldaten- und Traditionsverbände, die gleiche Anzahl Bürger- und Heimatvereine und weit über 1000 Frauen- und Müttervereine existieren.

Diese – zwangsläufig wahllos – herausgegriffenen Zahlen geben nur eine schwache Vorstellung von der auch kommunikativen Verflechtung in und zwischen diesen Gemeinschaften, auf die ja ihr Wirken wesentlich gegründet ist. Vergegenwärtigt man sich nun noch, welche *indirekten* Kommunikationsbeziehungen hier mittels technischer Medien zu knüpfen sind – nicht nur im Binnenbereich, etwa von lokalen Vereinen, die nur sporadische Mitgliederversammlungen abhalten, von überlokalen Verbänden und interlokalen Vereinen, sondern auch nach dem gesellschaftlichen Außen, um die „*public relations*" zu gestalten, nicht nur im Gesamtraum des Vereins und hin zur Gesellschaft als einer Ganzheit, sondern nötigenfalls sehr differenziert nach sozialer Gliederung des Mitgliederkreises und kultureller Spezialisierung der gesellschaftlichen Bereiche, in denen der Verein repräsentiert sein und auf die er einwirken will –, dann zeichnet sich ein ungefähres Bild von Umfang und Struktur ab, die das „Vereinspressewesen" im engeren Sinne notwendig angenommen hat.

Dieses „Vereinspressewesen" aber umfaßt nur einen Teil des Zeitschriftenwesens. Hinzu treten alle jene „organisations"-freien Blätter, die von sich aus Leser und Leserschaften zu kommunikativen „Vereinigungen" gruppieren und so – etwa auf dem Gebiet der „Unterhaltung" – die organisierten Vereine teils ersetzen, mehr noch aber ergänzen. So kommt es zu imponierenden Zahlen.

Der umfassendste, von privater Seite herausgegebene deutsche Pressekatalog verzeichnet in seiner letzten Ausgabe über 10 500 gegenwärtig in der Bundesrepublik Deutschland und in Berlin(West) erscheinende Periodika, die als echte Zeitschriften anzusprechen sind. Das ist gewiß eine Zahl, die den Vergleich mit den führenden Presseländern der Welt nicht zu scheuen braucht. Aber sie gibt bei weitem noch nicht den wirklichen Umfang des deutschen Zeitschriftenwesens wieder. Es sei daran erinnert, daß die Deutsche Bücherei für die Vorkriegszeit rund 20 000 Titel nachwies, während die privaten Kataloge nur etwa ein Drittel dieser Ziffer aufführten. Heute fehlen die Orientierungshilfen der in Leipzig gelegenen zentralen Sammelstelle – ihre bundesdeutsche Nachfolgerin, die Deutsche Bibliothek in Frankfurt am Main, sammelt Zeitschriften bislang leider bei weitem noch nicht vollständig –, so daß die Diskrepanz der Titelzahlen statistisch nicht genau bestimmbar ist.

Es bleibt also nur der Weg realistischer Spekulation: Auf Grund vorsichtiger Schätzung wird man den gegenwärtigen Gesamtbestand an Zeitschriften in der Bundesrepublik Deutschland auf wenigstens 15 000 Titel veranschlagen dürfen, die – auch dies eine Schätzung, da offizielle Zahlen fehlen – eine Gesamtauflage von weit über 300 Millionen Exemplaren je Erscheinungsintervall haben. Wer will, mag aus diesen Ziffern herauslesen, daß demnach auf je 4000 Bundesbürger ein Zeitschriftentitel entfällt (gegenüber 40 000 pro Tageszeitung), daß die durchschnittliche Auflage „der" deutschen Zeitschrift bei etwa 20 000 Exemplaren (dagegen bei nur 13 500 „der" deutschen Zeitung) liegt, daß schließlich auf den Kopf der Bevölkerung nicht weniger als fünf Zeitschriftenexemplare je Ausgabe entfallen – wohingegen nach der Statistik nur ein einziges Tageszeitungsexemplar für jeweils drei Leser zur Verfügung steht. Damit kommen auf jeden Haushalt in der Bundesrepublik Deutschland eine Zeitung und fünfzehn Zeitschriften.

Zwar verschleiern die trügerischen Verallgemeinerungen der Statistik, daß die werktäglich erscheinende Zeitung es mit der in bedächtigerem Wochen-, Monats- oder gar Quartalsschritt herauskommenden Zeitschrift sehr wohl an Auflage, Reichweite und „Leserkontakten" aufnehmen kann. Aber sie machen doch offenkundig, daß die Bundesrepublik Deutschland – wie Deutschland seit jeher – ein Land der Zeitschriften und der Zeitschriftenleser ist.

7. Interessenstrukturen in Zeitschriftenstrukturen

Um die Gegebenheiten auf dem Felde des Zeitschriftenwesens näher in den Blick zu fassen, die Bedingungen und Folgen seiner Existenz und seines Wirkens genauer zu bestimmen, muß man von festen Zahlen ausgehen, die, wenn schon nicht die der Wirklichkeit voll entsprechenden, so doch die charakteristischen Konturen hervortreten lassen. Ausgangspunkt einer solchen Betrachtung ist dann eine anhand von Katalogvergleichen und eigenen Erhebungen ermittelte, freilich noch erheblich zu ergänzende und auf Teilgebieten beträchtlich zu modifizierende Zahl von *12 774 ,,echten" Zeitschriften* aller Kategorien, einschließlich von jährlich erscheinenden Kalendern mit eindeutigem Zeitschriftencharakter, deren *Gesamtdruckauflage je Erscheinungsintervall* auf Grund behutsamer Schätzung *258 209 000 Exemplare* betragen dürfte.

Gliedern wir das Gesamtfeld dieser – Räume indirekter Partikular-Kommunikation darstellenden – Zeitschriften in einer ersten Übersicht nach den beiden großen inhaltlichen Funktionsbereichen des *Arbeits- und Berufslebens* sowie des *gesellschaftlich-geselligen Zusammenlebens* und innerhalb dieser Sektoren nach den sozial-kulturell wichtigsten Themen- beziehungsweise ,,Vereinigungs"-Kreisen, dann erhalten wir das Bild der Tabelle 1 (auf der folgenden Seite), aus deren Zahlen einmal die vorhandenen Zeitschriftenräume und ihr jeweiliger prozentualer Anteil am Ganzen hervorgehen, sodann – ablesbar an den Auflagengrößen – die absolute und relative Zahl der als Zeitschriftenkäufer projektierten Kommunikations-Interessenten. Selbstverständlich liegt die Zahl der wirklichen Käufer respektive verkauften Zeitschriftenexemplare – in den einzelnen Kategorien stark schwankend – niedriger, doch ist zu berücksichtigen, daß die Käufer nur einen Bruchteil der gesamten Leserschaft, das heißt der Gesprächspartnerschaft, darstellen, daß also die Reichweite und ,,Vereinigungs"-Breite der Zeitschriften erheblich größer ist.

In Parenthese sei angefügt, daß die Zuweisung der Blätter zu den in der Wirklichkeit übergreifenden Bereichen der ,,allgemeinen Gesellschaftlichkeit" und der ,,Arbeit" nur sehr pauschal und in Blöcken

Tabelle 1: Gliederung der Zeitschriften nach Inhaltskategorien und deren Auflage je Erscheinungsintervall

Inhaltskategorien	Titelzahl		Druckauflage	
	absolut	in %	abs.i.T.	in %
A. Fach- und Berufszeitschriften				
a) im staatlich-politischen Bereich				
Staat, Verwaltung	980	*7,7*	3.630	*1,4*
Wehrwesen	95	*0,8*	3.847	*1,5*
b) im wirtschaftlichen Bereich				
Handwerk, Industrie............	1274	*9,9*	15.450	*6,0*
Handel, Verkehr	1211	*9,5*	11.203	*4,4*
Landwirtschaft	429	*3,3*	7.900	*2,7*
Arbeitnehmer	790	*6,2*	20.665	*8,1*
c) im geistig-kulturellen Bereich				
Wissenschaft	1043	*8,1*	3.425	*1,3*
Erziehung, Unterricht	337	*2,7*	3.860	*1,5*
Summe A: Fach und Beruf	**6159**	**48,0**	**69.980**	**27,2**
B. Allg. Gesellschafts-Zeitschriften				
a) im politischen Bereich				
Politik	223	*1,7*	3.203	*1,2*
Vertriebene, Flüchtlinge	350	*2,8*	2.100	*0,8*
b) im wirtschaftlichen Bereich				
Werbung	1203	*9,4*	70.000	*27,2*
c) im sozialkulturellen Bereich				
Kultur und Kunst...............	740	*5,8*	4.185	*1,6*
Konfessionen	1120	*8,8*	25.931	*10,1*
Gesundheit	67	*0,5*	5.360	*2,2*
Sport, Spiel, Reise	577	*4,5*	12.245	*4,8*
Frauen	81	*0,7*	11.300	*4,4*
Jugend, Schüler	2074	*16,2*	17.420	*6,8*
"Unterhaltung"	180	*1,4*	36.485	*14,2*
Summe B: Allg. Gesellschaft	**6615**	**52,0**	**188.229**	**72,8**
A+B: Summe aller Zeitschriften	**12774**	**100,0**	**258.209**	**100,0**

erfolgen mußte, um die Darstellung nicht über Gebühr zu komplizieren.

Sehr viel anschaulicher wird die Übersicht, wenn wir die einzelnen Inhaltskategorien der Zeitschriften den großen Gesellschafts- oder Kulturbereichen zuweisen, auf denen sie ihre kommunikativen Vermittlungsdienste leisten, und ihren Anteil am Gesamt feststellen (Tabelle 2).

Tabelle 2: Zeitschriften leisten Vermittlungsdienste für

Gesellschafts- oder Kulturbereich:	Titelzahl		Auflage	
	absolut	in %	abs.i.T.	in %
Wirtschaft	4907	*38,4*	125.218	*48,5*
Gesellschaft, allgem. Geselligkeit ...	3329	*26,0*	84.910	*33,0*
Geistige Kultur.........................	3240	*25,4*	37.401	*14,5*
Staat, Politik	1298	*10,2*	10.680	*4,0*
Summe	**12774**	*100,0*	**258.209**	*100,0*

Über die zahlreichsten Zeitschriften verfügt demnach, was angesichts seiner Verästelung und der Interlokalität der Beziehungen nicht erstaunt, der *Wirtschaftsbereich.* Zählt man diesem die im weitesten Sinne werblichen Blätter zu, die ja nahezu ausschließlich wirtschaftlichen Zwecken dienen, dann bringt er auch die größte Auflage auf. Die übrigen Sektoren fallen demgegenüber weit zurück, insbesondere ,,Staat und Politik", der als der am wenigsten differenzierte, titel- und auflagenmäßig nur schwach vertretene Zeitschriftenbereich erscheint. Nichts jedoch wäre verkehrter als dies, hieraus auf eine ,,deutsche Apolitizität" oder auch nur auf ein geringes politisches Interesse zu schließen. Tatsächlich wird hier nur der kommunikative, von daher natürlich auch wirtschaftliche ,,Konkurrenz"- oder Komplementärdruck der universellen Kommunikationsmedien, auch des aktuellen Taschenbuchs etwa, sichtbar, in deren Räumen ja das sozialuniversale

Tabelle 3: Rangfolge der Zeitschriften nach Zahl der Titel

Rang	Inhaltskategorie	Zahl der Titel	
		absolut	in %
1.	Jugend und Schüler	2.074	16,2
2.	Handwerk und Industrie	1.274	9,9
3.	Handel und Verkehr	1.211	9,5
4.	Werbung	1.203	9,4
5.	Konfessionen	1.120	8,8
6.	Wissenschaft	1.043	8,1
7.	Staat, Verwaltung	980	7,7
8.	Arbeitnehmer	790	6,2
9.	Kultur, Kunst	740	5,8
10.	Sport, Spiel, Reise	577	4,5
11.	Landwirtschaft	429	3,3
12.	Vertriebene, Flüchtlinge	350	2,8
13.	Erziehung, Unterricht	337	2,7
14.	Politik	223	1,7
15.	Unterhaltung	180	1,4
16.	Wehrwesen	95	0,8
17.	Frauen	81	0,7
18.	Gesundheit	67	0,5
	Summe	12.774	100,0

Politische seine eigentliche Heimstatt hat. Zeitschriftentitel und Kommunikationsinteressenten in diesem Rahmen indizieren demnach lediglich jene sehr speziellen Gesprächsräume und -kreise, die zum einen in den universellen Medien nicht genügende Berücksichtigung erfahren oder erfahren können, zum andern aber auch nicht in direkter Kommunikation überbrückbar sind. Weiterhin verschweigt diese sehr allgemeine Statistik, daß als Gliederungsmerkmal für die Zuweisung der Zeitschriften zu den einzelnen Stoffgebieten selbstverständlich nur der jeweilige Inhaltstenor der einzelnen Zeitschrift maßgebend sein konnte, während in der Wirklichkeit doch auch die Wirtschafts- oder Kulturzeitschrift sich mit Politik befaßt, die politische Zeitschrift über nahezu jeden der anderen Gesellschafts- und Kulturbereiche handelt, von der tendenziell universellen „Unterhaltungs"-Zeitschrift gar nicht zu reden. Es sind also die Zeitschriften so geordnet, wie sie sich nach ihren primären Zwecken und Inhalten selbst verstehen, was eine wesentlich größere Bandbreite der Kommunikationsthematik keineswegs ausschließt.

Ordnen wir die Zeitschriften nach der Zahl der Titel, über welche die einzelnen speziellen Themen- und Interessenkreise verfügen, dann ergibt sich die in Tabelle 3 ausgewiesene Reihenfolge, der wir entnehmen können, in welchem Ausmaß diese Gruppen eigener, mehr oder minder geschlossener Kommunikationsräume bedürfen. Daß die Jugend hier an der Spitze steht, ist leicht erklärlich aus der Tatsache, daß Zeitung, Rundfunk und Film im wesentlichen Erwachsenenmedien sind. Andere, sehr wichtige und an sich umfangreiche Lebensbereiche kommen mit relativ wenig Titeln aus, da eine verhältnismäßig konforme Thematik eine große Anzahl von Personen gleichzeitig und gleichartig betrifft, wie das zum Beispiel im Frauen- und Gesundheitspressewesen der Fall ist.

8. Publizität als Funktion der Universalität

Die Reihenfolge ändert sich entschieden, wenn wir nach Auflage und Verbreitung der Zeitschriftenkategorien, das heißt nach ihrer jeweiligen Publizität, fragen. Tabelle 4 (auf der folgenden Seite) zeigt dann, daß die Auflagen der einzelnen Zeitschriftengruppen um so größer sind, je weiter sie in die Gesellschaft ausgreifen, also je allgemeiner – gemeinsam oder individuell gleich – die kommunikativen Bedürfnisse sind, die von ihnen befriedigt werden, und daß die Auflagen in den differenzierteren, auch bevölkerungsmäßig minder besetzten Lebens- und Schaffensfeldern entsprechend abnehmen. Es stehen mithin fast ausnahmslos solche Inhaltskategorien in den ersten Rängen, die der allgemein-gesellschaftlichen Kommunikation angehören. Ihren Medien ist gesellschaftsweite Publizität sicher.

Tabelle 4: Rangfolge der Zeitschriftengruppen nach Auflagenhöhe

Rang	Inhaltskategorie	Auflagenhöhe absolut	in %
1.	Werbung	70.000.000	27,0
2.	Unterhaltung	36.485.000	14,2
3.	Konfessionen	25.931.000	10,1
4.	Arbeitnehmer	20.665.000	8,1
5.	Jugend	17.420.000	6,8
6.	Handwerk, Industrie	15.450.000	6,0
7.	Sport, Spiel, Reise	12.254.000	4,8
8.	Frauen	11.300.000	4,4
9.	Handel, Verkehr	11.203.000	4,4
10.	Landwirtschaft	7.900.000	2,7
11.	Gesundheit	5.360.000	2,2
12.	Kultur, Kunst	4.185.000	1,6
13.	Erziehung, Unterricht	3.860.000	1,5
14.	Wehrwesen	3.847.000	1,5
15.	Staat, Verwaltung	3.630.000	1,4
16.	Wissenschaft	3.425.000	1,3
17.	Politik	3.203.000	1,2
18.	Vertriebene, Flüchtlinge	2.100.000	0,8
	Summe	258.209.000	*100,0*

Schließlich macht die Aufstellung deutlich, daß die mit Abstand zahlenmäßig führenden Bereiche der Werbung und der – zwar universellen, aber auf private Orientierung in der Gesellschaft angelegten – „Unterhaltung" weitgehend vereinsfreie oder vereinsarme Zonen sind, so daß die Zeitschriften hier, abgesehen von speziellen Werbe- und Unterhaltungskategorien, die im intimen Austausch oder mittels der universellen Medien vermittelt werden, nahezu die ganze Last der kommunikativen Kontaktpflege tragen.

Die allgemeinen Publizitäts-Tendenzen, die sich in Tabelle 4 abzeichnen, kommen noch viel ausgeprägter zum Ausdruck, wenn wir uns die Durchschnittsauflage des einzelnen Zeitschriftentyps (Tabelle 5 auf der folgenden Seite) ansehen. Je größer der kommunikativ verbundene, an einem Stoff gemeinsam interessierte Kreise, desto weiter die Publizität der Zeitschrift, desto größer auch die Auflage, die sie wiederum zum geeigneten und gesuchten Werbeträger macht. Damit aber wird vorab das allgemein-gesellschaftliche Kommunikation vermittelnde Medium, vor allem die „Unterhaltungs"-Zeitschrift, auch zum Objekt härtesten Konkurrenzkampfes, da der Markt – und auch der Inseratenmarkt, der Blätter dieses Genres zum wesentlichen Teil trägt – nur eine sehr begrenzte Zahl von Blättern prinzipiell gleichartigen oder doch ähnlichen Angebots zuläßt. Freilich hat Medien-„Konzentration" in diesem Publikationsbereich keine nennenswerte kommunikativ-politische Bedeutung.

Tabelle 5: Rangfolge der Zeitschriften nach ihrer Durchschnitts-Auflage

Rang	Inhaltskategorie	Durchschnitts-Auflage
1.	Kundenzeitschrift	250.000
2.	Unterhaltungsblatt	210.000
3.	Frauenzeitschrift	140.000
4.	Gesundheitsblatt	80.000
5.	Allgemeine Jugendzeitschrift	56.500
6.	Arbeitnehmerzeitschrift	55.000
7.	Katholisches Kirchenblatt	52.000
8.	Hausorgan (Firmenzeitschrift)	52.000
9.	Wehrzeitschrift	40.500
10.	Sportzeitschrift	21.100
11.	Anzeigenblatt	20.600
12.	Landwirtschaftliche Zeitschrift	18.450
13.	Politische Zeitschrift	14.365
14.	Handwerks- und Industrieblatt	12.100
15.	Erziehungs- und Unterrichtsblatt	11.450
16.	Evangelisches Kirchenblatt	10.700
17.	Kultur-/Programmzeitschrift	9.500
18.	Handels- und Verkehrszeitschrift	9.250
19.	Werkszeitschrift	9.100
20.	Vertriebenenblatt	6.000
21.	Kultur- und Kunstzeitschrift	5.650
22.	Studentenzeitschrift	5.000
23.	Staats- und Verwaltungsblatt	3.700
24.	Wissenschaftliche Zeitschrift	3.280
25.	Schülerzeitschrift	1.600

Umgreift demnach die höchste durchschnittliche Auflage einen Käuferkreis, der zahlenmäßig deshalb nicht zu bestimmen ist, weil bei den Kunden-Zugabezeitschriften der Käufer ein Gratis-Verteiler ist, so sagt sie doch einiges über die Allgemeinheit des kommunikativen Angebots aus, über das die führenden Gruppen – an der Spitze durchweg „Unterhaltungs"-Blätter – verfügen. Ähnlich, nur umgekehrt, liegen die Verhältnisse bei den Schülerzeitschriften, die mit – nicht einmal echten, sondern durch ein überregionales, kommerzielles „Schülerblatt" um 600 nach oben verzeichneten – 1600 Durchschnittsexemplaren am Ende der Tabelle liegen. Das wirkliche Mittel von rund 1000 kommt der personellen Größe des jeweiligen Kommunikationsraums Schule sicherlich näher. Diese gewaltige Spanne von nicht weniger als 249 000 Exemplaren liegt durchaus in der Natur des Zeitschriftenmediums, das ja, nach Thematik und Gesprächskreis, große Massen ebenso wie intimste Zirkel zu vermitteln vermag und daher gleicherweise höchste wie niedrigste Auflagen aufweist.

Unter den Zeitschriften-Individualitäten befinden sich in der Spitzengruppe der „Giganten" mit Millionenauflage insgesamt 50 Blätter, davon eins mit über vier, dreizehn mit über zwei und sechsunddreißig mit über einer Million Auflage (Tabelle 6).

Den „Millionären" gegenüber nehmen sich die „Zwerge" geradezu possierlich aus, jedoch steigen mit sinkender Auflage im allgemeinen Geist oder doch wenigstens Intimität der Kommunikation, um in den alleruntersten Auflagenklassen den Gipfel zu erreichen. Beispiele hierfür sind die „Letzten" in der Reihe: „Vita fratrum – Brüderlicher Gedankenaustausch in der bayerischen Franziskaner-Provinz", halbjährlich in einer Auflage von 200 Exemplaren erscheinend, und schließlich – zugleich Beleg, daß „die" Zeitschrift anhand äußerer Merkmale nicht definierbar ist – die ganz private „Familienpost, Zeitschrift für alle Angehörige der Familie und Sippe Zelle", die gegen einen kleinen Unkostenbeitrag einmal jährlich in einer hektographierten Auflage von 100 Exemplaren in vier Kontinente hinausgeht, also zwar weltweite und gleichzeitig doch denkbar eingeschränkte Publizität hat.

Erratum: Aufgrund eines technischen Datei-Fehlers sind die Spaltenangaben der Tabelle 6 auf Seite 157 völlig durcheinandergekommen. Die Reihenfolge sowie die je zugehörenden Spaltenangaben sind auf dem Einlageblatt richtiggestellt.

Die Herausgeber

TAB 6: Rangfolge der Zeitschriften mit Millionen-Auflage (1969/70)

Rang	Titel der Zeitschrift	Inhaltskategorie	F/G	Aufl. i.Mill	HpA
1.	Hör zu	Programm-Zs	G	4,5	52
2.	Die Barmer Ersatzkasse	Haus-Zs	G	2,9	4
3.	Das Haus	Bau-/Haus-Zs	G	2,7	12
4.	DAK-Im Dienst der Gesundheit	Haus-Zs	G	2,6	4
5.	Bild am Sonntag	Aktuelle Ilustr.	G	2,6	52
6.	tag und nacht	Kunden-Zs	G	2,6	4
7.	bauspar kurier	Haus-Zs	G	2,4	3
8.	Metall	Gewerksch.-Zs	F	2,1	26
9.	Bunte Illustrierte	Illustrierte	G	2,0	52
10.	stern	Illustrierte	G	2,0	52
11.	Neue Revue	Illustrierte	G	2,0	52
12.	Neue Post	Wochenend-Ill.	G	2,0	52
13.	rtv-Radio Television	Programm-Zs	G	2,0	52
14.	strom	Haus-Zs	G	2,0	52
15.	Burda-Moden	Frauen-Zs	G	1,9	12
16.	TV-Hören u. Sehen	Programm-Zs	G	1,9	52
17.	ADAC-Motorwelt	Kfz-Zs	G	1,9	12
18.	Clivia	Kunden-Zs	G	1,8	12
19.	Quick	Illustrierte	G	1,7	52
20.	Wochenend	Wochenend-Ill.	G	1,7	52
21.	Brigitte	Frauen-Zs	G	1,7	26
22.	Jasmin	Illustrierte	G	1,6	12
23.	Das Neue Blatt	Wochenend-Ill.	G	1,6	52
24.	Das Beste aus Reader's Digest	Unterhaltungs-Zs	G	1,6	12
25.	Die kluge Hausfrau	Kunden-Zs	G	1,6	52
26.	Bertelsmann-Lesring-Illustr.	Haus-Zs	G	1,5	4
27.	Funk-Uhr	Programm-Zs	G	1,5	52
28.	Gesichertes Leben	Kunden-Zs	G	1,5	6
29.	Glück	Lotto-Kunden-Zs	G	1,5	52
30.	Lukullus	Kunden-Zs	G	1,4	52
31.	Die Sternsinger	(Kath.)Jugend-Zs	G	1,4	6
32.	Mein Eigenheim	Haus-Zs	G	1,4	6

Zeichen: F/G = Fach-Zs oder Gesellschafts-Zs; HpA = Häufigkeit per anno/jährlich

Tabelle 6: Rangfolge der Zeitschriften mit Millionen-Auflage (1969/70)

Rang	Titel der Zeitschrift	Inhaltskategorie	F/G	Aufl. i.Mill	HpA
1.	Hör zu	Programm-Zs	G	4,5	52
2.	Die Barmer Ersatzkasse	Haus-Zs	G	2,9	4
3.	Das Haus	Bau-/Haus-Zs	G	2,7	12
4.	DAK-Im Dienst d.Gesundheit	Haus-Zs	G	2,6	4
5.		Aktuelle Ilustr.	G	2,6	52
6.	Bild am Sonntag	Kunden-Zs	G	2,6	4
7.	tag und nacht	Haus-Zs	G	2,4	3
8.	bauspar kurier	Gewerksch.-Zs	F	2,1	26
9.	Metall	Illustrierte	G	2,0	52
10.	Bunte Illustrierte	Illustrierte	G	2,0	52
11.	stern	Illustrierte	G	2,0	52
12.	Neue Revue	Wochenend-Illustr.	G	2,0	52
13.	Neue Post	Programm-Zs	G	2,0	52
14.	rtv-Radio Television	Haus-Zs	G	2,0	52
15.	strom	Frauen-Zs	G	1,9	12
16.	Burda-Moden	Programm-Zs	G	1,9	52
17.	TV-Hören u. Sehen	KfZ-Zs	G	1,9	12
18.	ADAC-Motorwelt	Kunden-Zs	G	1,8	12
19.	Clivia	Illustrierte	G	1,7	52
20.	Quick	Wochenend-Illustr.	G	1,7	52
21.	Wochenend	Frauen-Zs	G	1,7	26
22.	Brigitte	Illustrierte	G	1,6	12
23.	Jasmin	Wochenend-Illustr.	G	1,6	52
24.	Das Neue Blatt	Unterhaltungs-Zs	G	1,6	12
25.	Das Beste aus Reader's Digest	Kunden-Zs	G	1,6	52
26.	Die kluge Hausfrau	Haus-Zs	G	1,5	4
27.	Bertelsmann-Lesring-Illustr.	Programm-Zs	G	1,5	52
28.		Kunden-Zs	G	1,5	6
29.	Funk-Uhr	Lotto-Kunden-Zs	G	1,5	52
30.	Gesichertes Leben	Kunden-Zs	G	1,4	52
31.	Glück	(Kath.)Jugend-Zs	G	1,4	6
32.	Lukullus	Haus-Zs	G	1,4	6
	Die Sternsinger				
	Mein Eigenheim				

Zeichen: F/G = Fach-Zs oder Gesellschafts-Zs; HpA = Häufigkeit per anno/jährlich

Tabelle 6 (Forts.): Rangfolge der Zeitschriften mit Millionenauflage (69/70)

Rang	Titel der Zeitschrift	Inhaltskategorie	F/G	Aufl. i.M-ill.	HpA
33.	Frau im Spiegel	Frauen-Zs	G	*1,4*	52
34.	Eltern	Familien-Illustr.	G	*1,3*	12
35.	Zs f. Eigenheimfreunde	Kunden-Zs	G	*1,3*	6
36.	Für Sie	Frauen-Zs	G	*1,3*	26
37.	Ja zum Leben	Kunden-Zs	G	*1,2*	6
38.	familie heute	Kunden-Zs	G	*1,1*	52
39.	Der Spiegel	Nachr.Magazin	G	*1,1*	52
40.	Bravo	Jugend-Illustr.	G	*1,1*	52
41.	Neue Welt	Wochenend.Illustr.	G	*1,0*	52
42.	AOK-Gesundheitsblatt	Haus-Zs	G	*1,0*	4
43.	Drogisten-Illustr.	Kunden-Zs	G	*1,0*	12
44.	Co-op-Zeitung	Kunden-Zs	G	*1,0*	52
45.	Mitt.f. VW-Aktionäre	Haus-Zs	G	*1,0*	u
46.	Die Fackel	VdK-Zs	F	*1,0*	12
47.	Marianne	Frauen-Zs	G	*1,0*	6
48.	streich selbst	Haus-Zs	G	*1,0*	1
49.	Elektrohaushalt	Haus-Zs	G	*1,0*	6
50.	Bayer-Pflanzenschutz	Haus-Zs	F	*1,0*	6

Zeichen: F/G = Fach-Zs oder Gesellschafts-Zs; HpA = Häufigkeit per anno/jährlich

Es sind, von der Titelzahl her gesehen, die auflagenmäßig *kleinen* Blätter, die das Profil der deutschen Zeitschriftenpresse bestimmen, wie die bereits 1960 erstellte, aber wohl heute noch charakteristische Tabelle 7 (auf der folgenden Seite) darlegt.

Danach dominieren mit 26,2 Prozent aller Blätter die Zeitschriften der Auflagenklasse zwischen 2001 und 5000 Exemplaren, dem Typ nach Fach- und speziell Vereinsorgane. Es folgen mit 17,6 Prozent die Klasse der Zeitschriften mit 5001 bis 10 000 und mit 14,1 Prozent die der Blätter zwischen 1001 bis 2000 Auflage. Demgegenüber bringt die Auflagenklasse von 500 001 bis zu einer Million nur 0,9 Prozent der Titel auf, während die Gruppe der Ein- bis Zwei-Millionen-Blätter lediglich 0,3 Prozent und die der über 2 Millionen starken Titel gar nur mehr 0,1 Prozent aller Zeitschriften ausmacht. Das besagt, daß rund 70 Prozent aller deutschen Zeitschriften eine Auflage von weniger als 10 000 Exemplaren besitzen, dabei aber nur über einen Anteil von 8,5 Prozent an der Zeitschriften-Gesamtauflage verfügen. Demgegenüber haben die nur 5,5 Prozent aller Zeitschriftentitel über 100 000 Auflage einen Auflagenanteil von nicht weniger als 67,5 Prozent.

Tabelle 7: Zeitschriften nach Auflagen-Grössenklassen (1960)

Auflagen-Größenklasse		Anzahl der Zeitschriften		Anteil an der Gesamtauflage	
		in %	kumuliert	in %	kumuliert
1 –	1.000	12,6	12,6	0,3	0,3
1.001 –	2.000	14,1	26,7	0,7	1,0
2.001 –	5.000	26,2	52,9	3,1	4,1
5.001 –	10.000	17,6	70,5	4,4	8,5
10.001 –	20.000	11,7	82,2	5,8	14,3
20.001 –	50.000	8,5	90,7	9,2	23,5
50.001 –	100.000	3,8	94,5	9,0	32,5
100.001 –	200.000	2,3	96,8	11,1	43,6
200.001 –	500.000	1,9	98,7	20,2	63,8
500.001 –	1.000.000	0,9	99,6	19,9	83,7
1.000.001 –	2.000.000	0,3	99,9	10,5	94,2
2.000.001 u.	mehr	0,1	100,0	5,8	100,0

Quelle: Die deutsche Presse 1961.

9. Im Rhythmus der Zeit

Die Zeitschrift ist ein Periodikum, aber ihre *Periodizität* bedeutet nicht Regelmäßigkeit der Erscheinungsweise, sondern hat eine recht unterschiedliche Spannweite, die völlig unregelmäßiges ebenso wie tägliches oder jährliches Erscheinen einschließt und prinzipiell immer auf unterschiedlichen Aktualitätsbedürfnissen in den einzelnen – im einzigen Gegensatz zur Zeitung: stets partikularen – Kommunikationsbereichen beruht. Keinesfalls ist tägliches Erscheinen alleiniges Merkmal der Zeitung; denn schon 1759 gab die Augsburger Kunstakademie ihre »Täglichen Neuigkeiten für Gelehrte, Künstler und ihre Liebhaber« heraus, gab es 1928 mehr als 70 täglich erscheinende deutsche *Fachzeitschriften* und steht auch gegenwärtig an der Periodizitätsspitze der deutschen Presse eine Zeitschrift: »Jockey«, Organ für den gesamten Auslandsrennsport, die alltäglich, 365mal im Jahr – also öfter als jede deutsche Tageszeitung – herauskommt. Die Erscheinungshäufigkeit der deutschen Zeitschrift, die den kommunikativen Rhythmus der Lebens- und Arbeitsräume spiegelt, wird in ihren wichtigsten Typen über einen Zeitraum von 110 Jahren in Tabelle 8 ausgewiesen.

Tabelle 8: Erscheinungshäufigkeit der Zeitschriften 1850 - 1960

Perioden	Anteil der Zeitschriften in Prozent		
	1850	**1927**	**1960**
Wöchentlich	29,0	23,7	9,0
Monatlich	25,0	38,7	42,9
Vierteljährlich	11,0	5,2	11,1
Jährlich	2,0	2,2	0,9
Unregelmäßig	17,0	2,3	5,7

Ins Auge springt dann – die Vergleichbarkeit der Zahlen immer vorausgesetzt – ein Trend, der die kontinuierliche, in den letzten Jahrzehnten sogar rapide zahlenmäßige Verminderung des Wochenblattes, gleichzeitig die Aufwärtsentwicklung der monatlich erscheinenden Zeitschrift anzeigt. In der Tat scheint sich hierin die durch fortschreitende Universalisierung der Zeitschrifteninhalte in Gang gesetzte Konzentrationsbewegung im Bereich der Wochenpresse auszudrücken: Ganze Stoffgebiete vieler spezialisierter Wochenblätter rücken zunehmend in tendenziell universelle Illustrierte, Unterhaltungs- und politische „Magazine", die damit eine immer farbigere, vollständigere Palette kommunikativen Angebots entfalten und die spezialisierten Konkurrenten – ebenso natürlich ihresgleichen – vom wöchentlichen Leser- und Inseratenmarkt verdrängen, entweder zur Aufgabe oder aber in die Monatsperiodizität zwingen. Überwiegen so auch die Titelzahlen der Monatsschriften – und es ist anzunehmen, daß diese Bewegung sich in naher Zukunft noch verstärkt –, dann kann doch kein Zweifel daran bestehen, daß es die an Titeln unterlegene Wochenpresse, vor allem in ihren populären Vertretern, ist, die auflagenmäßig die Szene beherrscht. Stellt man, von ihrer sehr viel größeren Reichweite ganz abgesehen, die Anzahl der *monatlich* verbreiteten Exemplare in Rechnung, dann werfen sie das Dreifache, nimmt man die 10- bis 14tägig erscheinenden Blätter hinzu, sogar das Vierfache dessen auf den Markt, was die Monatsschriften an Auflage aufbringen.

Damit stellt sich die Frage nach den Zeitschriftenquantitäten, die insgesamt auf den Markt der Bundesrepublik Deutschland gelangen. Machen wir die angenommenen 12 774 Zeitschriften mit einer Gesamtauflage von 258 209 000 Exemplaren je Ausgabe – dies sind, wie gesagt, Minimalwerte, die vermutlich nur drei Viertel der wirklich vorhandenen Zeitschriftentitel angeben – zur Grundlage solcher Berechnungen, dann steht, die einzelnen Periodizitätstypen entsprechend berücksichtigt, in der Bundesrepublik Deutschland ein jährliches Zeitschriftenangebot von schätzungsweise wenigstens *5,6 Milliarden Exemplaren* zur Verfügung ihrer Bürger. Das aber heißt bei einer lesefähigen Bevölkerung von 55 Millionen, daß jährlich rund 100 Zeitschriften-Exemplare pro Kopf und etwa 280 pro Haushalt „konsumiert" werden – anschaulicher ausgedrückt, daß der durchschnittliche Bundesbürger alljährlich etwa ein Wochenblatt, eine 14tägig erscheinende Zeitschrift, eine Monats- und eine Vierteljahrsschrift – der

Durchschnittshaushalt entsprechende Mengen und Qualitäten – laufend abonniert, am Kiosk erwirbt, von seinem Verein oder seinem Kaufmann gratis geliefert erhält oder bei seinem Lesezirkel gegen eine geringe Gebühr ausleiht.

Erst jenseits dieser Zahlen aber ist nach der wirklichen Reichweite der Zeitschriftenpresse zu fragen, die sich errechnet aus der Summe der Bezieher, multipliziert mit der Anzahl ihrer Mitleser, die sich ihnen in der Familie, im Betrieb und nicht zuletzt in Cafehäusern, Frisiersalons und ärztlichen Wartezimmern in mit der ,,Popularität" ihres Blattes wachsendem Umfang zugesellen. Allein rund 500 Lesezirkel-Unternehmen setzen in der Bundesrepublik Deutschland Woche für Woche bei rund einer Million Kunden, darunter 150 000 bis 200 000 öffentlichen Auslegestellen, ihre durchschnittlich mit neun Zeitschriftentiteln jüngsten oder älteren Erscheinungsdatums bestückten Lese-Mappen in Umlauf, deren – normalerweise von drei bis vier Menschen gelesenen – Blätter über Wochen hindurch 20 und mehr Lesern bekannt werden.

Es wäre ,,nur" eine Fleißarbeit, dieses ungeheure publizistische Angebot an Zeitschriften und ihren Inhalten zu sichten und statistisch zu erfassen, ihm soziale Quantität und selbst Qualität seiner Nutzer gegenüberzustellen und aus der Korrelation auf seine kulturelle Wirksamkeit und Bedeutung zu schließen – der sozial-kommunikative Erkenntniswert hielte sich durchaus in Grenzen. Ganz andere Erkenntnisbereiche erschlösse die Antwort auf die – von der Wissenschaft erst noch in Angriff zu nehmenden – Fragen, was denn von diesem Zeltschriftenengebot auch wirklich genutzt, gelesen wird; welche kommunikativen Bedürfnisse der Leser trotz dieser Fülle unerfüllt bleiben, und welche kommunikativen Wirkungen – in welcher Hinsicht auch immer – das eine wie das andere neben und zusammen mit dem Vermittelten im Mitteilungsverkehr der Einzelnen und der Gruppen zeitigt.

Denn charakteristisch für Zeitgeist und Zeit-Kommunikation einer Gesellschaft ist immer nur das, was sie liest, nicht unbedingt das, was in ihr geschrieben, veröffentlicht, ihr in Zeitschriften-,,Paketen" angeboten wird und zu einem guten Teil nur Ausdruck journalistischen Geistes, publizistischer Gesinnung und verlegerischer Kalkulation ist.

Abgesehen davon aber wird man wohl konstatieren können, daß das Zeitschriftenwesen in der Bundesrepublik Deutschland jeden erkannten Bedarf – schon aus ökonomischen Gründen – deckt und in der Lage ist, den Prozeß stofflicher Differenzierung und der Integration spezieller Gruppen durch Ausgliederung und Zusammenfassung immer neuer kommunikativer „Vereinigungen" in immer neuen Zeitschriften auch in Zukunft voranzutreiben. Es genügt als Ganzes damit durchaus seiner spezifischen Aufgabe, als Medium indirekte Partikular-Kommunikation zu vermitteln und keinen Gesprächskreis, der seiner bedarf, mindestens im Binnenraum unvermittelt zu lassen.

Freilich ist das nicht genug, um in der Gesellschaft schon Öffentlichkeit – die Voraussetzung aller wirklichen Demokratie – zu schaffen: Hierzu bedarf es der ergänzenden Arbeit anderer, insbesondere der universellen Medien, die diese partikularen Kreise in ihrem sozialen Miteinander insgesamt darzustellen und damit auch untereinander in Kontakt zu bringen haben. Erst wenn das geschieht, vermitteln die Medien – im Verein mit dem mündlichen Mitteilungsverkehr – dem Staatsbürger jene Übersicht im Zeit-Kommunikationsprozeß seiner Gesellschaft, die ihn befähigt, deren Gegenwart und Zukunft vollverantwortlich mitzugestalten.

Das Fach-Stichwort:

Medientheorie

von
Hans Wagner

Ein *Medium* ist ‚etwas in der Mitte', ein *Mittelstück*, das zwischen wenigstens zwei Bezugspunkten oder -elementen liegt oder sich zwischen diesen bewegt. Indem das ‚Mittelstück' so eine Verbindung der Bezugselemente herstellt, ermöglicht es zugleich, daß zwischen den verbundenen Elementen oder Bereichen etwas hin- und hergetragen oder befördert wird, seien es Menschen oder Dinge, wie etwa alle Arten von Waren, seien es Gedanken und Ideen, also Sinn oder Bedeutung. Das sind natürlich sehr allgemeine Bedingungen und Merkmale zur Bestimmung eines Mediums, die außerordentlich Verschiedenes abdecken können. Geht man von ihnen aus, so wird verständlich, warum man auch landläufig eine für außersinnliche Wahrnehmung besonders sensible Person als ,,Medium" etwa bei spiritistischen Sitzungen bezeichnet: Dieser Mensch stellt eine Verbindung her zwischen dieser und einer anderen Welt; und über ihn, das Medium, gelangt die Botschaft der gerufenen Geister in eine irdische Stube. So jedenfalls stellt man sich das vor.

1. Etiketten-Inflation und Theorie-Defizit

Aber einfache Fälle von Medien wären in solch allgemeiner Hinsicht auch eine Brücke oder eine Straße. Um Verbindungsstücke zwischen auseinanderliegenden Ortspunkten handelt es sich da allemal; und sie sind selbstverständlich geeignet, alles Mögliche zwischen diesen Ortspunkten zu befördern.

Tatsächlich gibt es Medientheorien, die auf dieser hohen Abstraktionsebene ansetzen. Marshall McLuhan hat in dem Buch ,,Understanding Media" (1964), das ein paar Jahre später unter dem keineswegs entsprechenden Titel ,,Die magischen Kanäle" auch in deutsch erschien, die Straßen, das Flugzeug, das Rad und das Fahrrad, die Eisenbahn und selbstverständlich auch das Auto unter die Medien eingereiht. Nicht zuletzt an solchen Beispielen versuchte er zu demonstrieren, daß es die Transport-Medien waren, welche die Gesellschaft ebenso wie die Menschen veränderten, nicht aber in erster Linie die Frachten, die mit ihnen befördert wurden. Daraus leitet er dann ganz generell sein berühmtes medientheoretisches Axiom ab: „Das Medium ist die Botschaft!" Da spielt er mit Worten, mit „message" und „massage", mit „informieren" und „in Form bringen"; aber er spielt auch mit den Möglichkeiten des Mediums – und spielt sie durch. Weil er sich die Botschaft der Medien, auch und nicht zuletzt die der Zeitung, des Radios oder des Fernsehens, abkühlend und beruhigend vorstellte, sofern es sich um „kalte", dagegen aufputschend und erhitzend dachte, sofern es sich um „heiße" Medien handelte, glaubte McLuhan daran (und versuchte andere zu dem Glauben zu überreden), daß man Medien (völlig unabhängig vom transportierten Inhalt) trefflich zur globalen politischen Sedierung oder Aufmunterung einsetzen könne.

Der amerikanische Kommunikationswissenschaftler Joshua Meyrowitz, der solch extremem McLuhanismus nichts abgewinnen kann, deckt gleichwohl dessen Hauptaxiom noch 1985 mit einem Plausibilitätsargument: „Wenn wir uns in der öffentlichen wie der wissenschaftlichen Aufmerksamkeit vor allem auf den *Inhalt* von Kommunikation konzentrieren, gleicht das dem hypothetischen Versuch, die Bedeutung des Automobils zu verstehen, indem man ignoriert, daß es ein neues Transportmittel gibt, und sich statt dessen auf eine detaillierte Untersuchung der Namen und Gesichter von Passagieren konzentriert."

Aber der Abstraktionsgrad der wissenschaftlichen Medien-Betrachtung als eines Transportmittels ist auf der einleitend fixierten Generalbasis durchaus noch steigerungsfähig. Der amerikanische Soziologe Talcott Parsons hat bekanntlich *Wahrheit, Macht, Liebe* und *Geld* als generalisierte, soziale Interaktionsmedien vorgestellt. Niklas Luhmann hat diese Idee auf seine Weise interpretiert. Da kein Mensch, so argumentierte er bereits 1970, „für sich allein Sinn konstituieren" und die erforderliche „Reduktion von Komplexität" der Welt leisten kann, muß er sich auf Reduktionen und Sinn-Konstruktionen anderer, das heißt auf den intersubjektiven Bestand solcher Leistungen stützen, die gewaltigen Selektionen entsprechen. Wahrheit, Macht, Liebe und Geld werden unter diesen Voraussetzungen als Medien verstanden, die derartige Selektionsleistungen aus dem intersubjektiven sozialen Bestand, aus der Mitwelt und aus der Vorwelt, für den einzelnen Menschen übertragen. Dazu haben sich spezielle Trägersysteme dieser Medien etabliert: Für das Medium Wahrheit das Teilsystem Wissenschaft, für Macht das politische Teilsystem, für Liebe personale Institutionen, für Geld das wirtschaftliche Teilsystem.

Mit Kommunikation haben auch so generalisierte Medien-Begriffe wohl irgendwie irgendetwas zu tun, auch wenn man nicht immer gleich merkt, was. Aber die ‚Medien'-Bezeichnung, auch dieser Eindruck ist schon nach den wenigen statuierten Exempeln sicher richtig, gerät dabei nur allzu leicht zu einem Allerwelts-Etikett. Die in „alle Bedeutungsrichtungen davonflutenden Mediensemantiken" hat Manfred Rühl zuletzt auf der Bamberger Arbeitstagung der Deutschen Gesellschaft für Publizistik- und Kommunikationswissenschaft 1991 eindrucksvoll aufgelistet. Demnach steht das Etikett ‚Medien' „(a) für technologische Artefakte (Kabel, Satelliten, Druckaggregate, Bildschirme, Lichtsatz oder Band-Schneidemaschinen), (b) für gesellschaftsabhängige, publizistische Arbeitsorganisationen (Redaktionen, Nachrichtenagenturen, Rundfunkorganisationen, Pressedienste, Vertriebssysyteme), (c) für ‚die Berichterstattung', das sind die verbreiteten Ergebnisse redaktioneller Auswahl- und Entscheidungsprozesse, (d) für die Formatierung von Darstellungen und Codierungen (Marshall McLuhan), (e) für individuell schematisierte Informations-Verarbeitungsmuster (z. B. gatekeeping), (f) für die ‚symbolisch generalisierten Kommunikationsmedien' Geld, Liebe, Wahrheit, Macht, Werte u. a. ..." Zu all diesen Vieldeutigkeiten komme schließlich noch der spezielle Bezug auf mancherlei Werbeträger, Werbeleistungen und Werbemixturen. (Berichtband, 1993, S. 79f).

Der Inflation von Medien-Bezeichnungen entspricht jedoch auf der anderen Seite ein ganz erhebliches Theoriedefizit, wo es um die Medien der sozialen Kommunikation geht. Das ist keinesfalls ein Widerspruch. Vielmehr sind die scheppernden Worthülsen nur ein ziemlich eindeutiges Indiz für die Erkenntnislücke.

Das Fach Kommunikationswissenschaft hat in Deutschland (und darüber hinaus im deutschsprachigen Raum) heute keine Medientheorie mehr, obwohl es eine lange und äußerst fruchtbare Tradition und Ideengeschichte der Medientheorie gibt. Aber diese ist weitgehend vergessen. Und dieses Fach beschäftigt sich – ausweislich der Vorlesungsverzeichnisse – auch kaum mit Medientheorie. Gewiß, Medienkundliches gibt es allenthalben, Faktendarstellungen der gegebenen Medienlandschaften, Vergleiche von Medienlandschaften verschiedener Nationen und Gesellschaften, mehr oder weniger relevant aufbereitet. Aber ist das denn nicht Medientheorie? Keineswegs. Medienkunde ist noch lange nicht Medientheorie; und man könnte allenfalls darüber ins Sinnieren kommen, wie eine Medienkunde mit wissenschaftlichem Anspruch überhaupt geleistet werden kann, wenn sie nicht an medientheoretischen Kriterien orientiert ist. Mit solchen medientheoretischen Kriterien aber kann das Fach nicht dienen.

Was dieses Defizit bedeutet, läßt sich markant nur an Vergleichen verdeutlichen. Eine Kommunikationswissenschaft ohne Medientheorie ist wie eine Politologie ohne Theorie der Regierungsformen, wie eine Soziologie ohne eine Theorie der Institutionen, ist wie eine Nationalökonomie ohne eine Theorie des Marktes ... Solche Vergleiche sind eher noch zu schwach. Denn es gibt, darauf ist zurückzukommen, keine Kommunikation ohne Medien. Gleichwohl sind in den gängigen Theorien der (sozialen) Kommunikation und der Massenkommunikation die medienrelevanten Theorieaspekte, sofern überhaupt erkennbar, nur rudimentär und marginal ausgeprägt.

Selbstverständlich könnte die Behauptung, es mangele an einer kommunikationswissenschaftlichen Medientheorie, Einwände provozieren, den Hinweis etwa auf eine unlängst erschienene Sammlung von Werner Faulstich mit dem Titel „Medientheorien". Hebt nicht dieser Titel das hier monierte Desiderat gleich im Plural auf? Tatsächlich findet man in dem Band mehrere renommierte Film- und Radiotheorien, eine allgemeine Medientheorie weniger exemplifizierend als vielmehr spezialisierend. Was danach folgt, sind einesteils Theorien der fälschlich so genannten „Medienkommunikation", umgangssprachlich „Massenkommunikation", und andernteils systemtheoretische Abstraktionen des ‚Medien'-Begriffs über alle Kommunikationsmaße hinaus. Reproduziert der Band insoweit schon aufs schönste das hier in Rede stehende Fachdefizit, so sind zusätzlich zwei Details von besonders typischem Zuschnitt für letzteres, scheinbar kurios das eine, in jedem

Fall fragwürdig das andere: Der „Versuch einer Klassifikation des Medienfeldes" wird hier nicht etwa aus einer kommunikationswissenschaftlichen Quelle, sondern aus einem Lehrheft für den Biologieunterricht (sic!) zitiert; und da fehlen sodann alle jene Medientheorien amerikanischer Provenienz, die in den letzten Jahrzehnten auch hierzulande Bestsellerkarriere gemacht haben.

Tendenz und Typik dieser auffälligen Details werden auch durch die einleitend herangezogenen Beispielfälle unterstrichen: die Bestselleraura medientheoretischer Importware (fast ausschließlich aus Nordamerika) einerseits, die hierzulande auf keinen Fall als sonderlich wissenschaftlicher Ausweis gilt; und die Tatsache andererseits, daß Medientheorien, die als solche auftreten und Gewicht beanspruchen, nicht aus dem Fach Kommunikationswissenschaft, sondern aus anderen Disziplinen stammen, aus der Soziologie, aus der Philosophie sowie aus diversen Sprachwissenschaften vor allem.

Tasten wir zunächst das erste Symptom etwas genauer ab. Die amerikanischen Bestseller zur Medientheorie beschränken sich keineswegs auf McLuhans Bücher, an die sich ohnehin nur die Älteren noch erinnern, weil McLuhans „Stern so schnell verglühte, wie er aufgegangen war" (Meyrowitz). Wir begegnen auf diesem Feld vielmehr und ganz aktuell auch dem „Medienökologen" Neil Postman, der nicht nur davon redet, daß das Fernsehen uns zu Tode amüsiere; viel wichtiger ist wohl seine These, daß jedes Medium seine eigene „Epistemologie" habe und präge. Frei formuliert: Die Art des Mediums, das man einsetzt oder benutzt, bestimmt Stil und Muster des Denkens, des Erkennens, des Wahrnehmens und des Kommunizierens.

Ein paar Prestige-Ränge darunter rangiert der neue amerikanische Erfolgsautor in Sachen Medien, der Sozialwissenschaftler Joshua Meyrowitz. Er lehrt, daß uns die modernen elektronischen Medien wurzel- und ortslos gemacht, uns in ein neues Nomadentum zurückversetzt haben. Im wesentlichen ist es dem Fernsehen, genauer: einem vom Fernsehen beherrschten Medien-Muster anzulasten, daß wir überall und nirgends mehr zuhause sind. Aber genau da, bei Meyrowitz eben, können wir noch eine andere Entdeckung machen: daß nämlich all diese Aspekte und all diese Ideen über Medien in den USA und in Kanada in einem ausgedehnten Schulnetz vereinigt sind. Meyrowitz selbst spricht zu dessen Kennzeichnung von den *Medium-Theoretikern*, die in einer entschiedenen Gegenbewegung gegen den analytischen Empirismus mit historischen und sozialwissenschaftlich-verstehenden Instrumenten zur Erkenntnis der Medien und der Medienfolgen vorstoßen wollen. Und Meyrowitz präsentiert respektable interdisziplinäre Namenslisten zu dieser Schule der Medium-Theoretiker: Zuerst und als Pionier dieser Denkrichtung Harold Adam Innis sowie natürlich dessen berühmtesten Schüler Marshall McLuhan; des weiteren sodann J. C. Carothers, Edmund Carpenter, H. J. Chaytor, Elizabeth Eisenstein, Jack Goody, Eric Havelock, A. R. Luria, Walter Ong, Neil Postman, Toni Schwartz, Ian Watt und selbstverständlich auch den Soziologen Daniel Boorstin, von all den Genannten vielleicht noch am ehesten bekannt, weil er die heute (meist ohne Nennung seines Namens) viel zitierten *„Pseudoereignisse"* erfunden hat, die angeblich durch *Public Relations* in die Welt gesetzt werden. Aber ansonsten sagt die Liste doch im wesentlichen, womit wir uns hierzulande *nicht* befassen!

2. Fundamentalsätze einer Medientheorie

Abhilfe kann unter diesen Bedingungen nur der Zugriff auf Medientheorien einschlägiger Nachbardisziplinen schaffen. Damit rückt das zweite typische Merkmal der medientheoretischen Fachlage in den Beobachtungshorizont. Auf medientheoretische Anleihen stößt man in der Kommunikationswissenschaft immer wieder – was in den einleitenden Abschnitten bereits demonstriert und festgehalten wurde. Aber es ist nicht ganz einfach herauszufinden, ob solche Anleihen adäquat oder inadäquat aufgenommen sind, ob sie eher an dubiosen Randkonstruktionen oder an den relevanten Erkenntniskernen anknüpfen. Natürlich kann an dieser Stelle nicht der gesamte Fundus der möglichen und wirklich vorhandenen Medientheorie ausgebreitet werden. Lediglich einige tragende Fundamente für eine zureichende Fach-Medientheorie werden in Umrissen skizziert. Damit muß es sein

Bewenden haben. Allerdings werden dabei nicht nur die Nachbarfächer befragt. Vielmehr soll auch schon geprüft werden, an welchen Basispunkten die im vorliegenden Band präsentierten Bausteine zu einer Medientheorie von Heinz Starkulla ansetzen.

Der sicher allgemeinste Satz, von dem jede auf soziale Kommunikation bezogene Medientheorie ihren Ausgang zu nehmen hat, lautet:

1.) Es gibt keine Kommunikation ohne ein Medium.

Das scheint eine typische Binsenweisheit zu sein. Das klingt so banal – und ist es doch nicht. Wie sonst wäre es möglich, daß selbst in der Fachliteratur (bis in die neueste Dokumentation der schon erwähnten Bamberger Fachtagung hinein) Massenkommunikation durchweg gleichgesetzt wird mit „Medien"-Kommunikation, interpersonale oder face-to-face-Kommunikation indessen ganz ausdrücklich als „unvermittelte Kommunikation" firmiert. Dieses letztere Etikett ist nicht einfach nur Sprachschlamperei. Es signalisiert die Suspendierung des theoretischen Denkens auf diesem Sektor. „Unvermittelte Kommunikation" nämlich ist wissenschaftlich nicht nachvollziehbar. Denn es gibt – noch einmal sei es unterstrichen – keine Kommunikation ohne Medien. Die Lautsprache ist ebenso ein Medium wie der Funk oder die Presse. Allenfalls ließen sich natürliche Medien von mechanischen oder technischen unterscheiden, primäre von sekundären und tertiären Medien.

Daß eine medienlose Kommunikation nicht möglich, nicht einmal denkmöglich ist, haben die Sprachwissenschaften immer wieder und ohne Ausnahme für das urtümliche, menschliche Kommunikationsmedium, für die Laut-Sprache, aufgezeigt. In den grundlegenden Arbeiten der Sprachpsychologen Karl Bühler (1934) und Friedrich Kainz (1941ff) ist die Funktion des Mediums Sprache in alle Aspekte entfaltet. Beide Autoren stoßen zu ihrer Erkenntnis mit Rückgriff auf die sogenannte „Organon-Theorie" des Platon – womit der erste Grundsatz der Medientheorie sich zugleich als der älteste erweist. Im „Kratylos" hatte Platon festgehalten, die Sprache sei das „organon", das Werkzeug oder Mittel, mit dessen Hilfe *einer* dem *anderen* etwas mitteilen könne *über Dinge*. Sprache ist da also nicht nur Verbindungsstück zwischen dem einen und dem anderen, zwischen *alter* und *ego*; vielmehr ist sie *Mittelstück* in einer *Dreierbeziehung*, in die unaufhebbar immer auch *die Welt* der Dinge und der Menschen, aller Gegenstände, Vorkommnisse und Ereignisse hineingenommen ist, von denen die Rede geht.

Unter dieser Voraussetzung sind aus dem ersten Grundsatz zwei ausgestaltende Teilsätze abzuleiten:

1a) Die Sprache bildet (wie jedes andere Medium sozialer Kommunikation) stets das Mittelstück zwischen den Gesprächspartnern sowie zwischen diesen und dem Gegenstand der Kommunikation.

Und:

1b) Der Mittelstellung in solcher Dreierbeziehung entsprechend erfüllt die Sprache (wie jedes andere Medium sozialer Kommunikation) drei stets miteinander verschränkte Funktionen: die Funktion der Kundgabe oder des Ausdrucks, bezogen auf den sprechenden Partner; die Funktion des Appells oder der Auslösung von Reaktionen, bezogen auf den hörenden Partner; die Funktion der Darstellung oder des Berichts, bezogen auf den gemeinsamen Gegenstand der Mitteilung.

Ausdrücklich versichert sich Heinz Starkulla dieses Fundaments, das er zugleich mit wenigen Strichen auffüllt und mit vielen kommunikationsrelevanten Aspekten anreichert (24ff[*]). Aber er leitet das Basis-Schema nicht direkt aus dem Organon-Modell ab, sondern aus den „Typen der Weltanschauung" von Wilhelm Dilthey, in denen sich „die drei Urphänomene der Sprache, der Kommunikation überhaupt" spiegeln, weil auch das Philosophieren als „eine höhere Form von Kommunikation" zu betrachten ist (24). Einen zweiten und – jedenfalls für die Grundlegung einer Medientheorie – sehr originären Rückgriff auf philosophische Anthropologie unternimmt Starkulla sodann für die Erklärung, warum menschliche Kommunikation ohne Medien nicht denkbar ist: „Mitteilung besitzt als kommunikatives Handeln des ganzen Menschen notwendig dessen geistig-körperliche Struktur.

---

[*] Die Zahlenangaben nach Verweisen auf oder Zitaten aus Starkullas Medientheorie beziehen sich ohne Ausnahme auf die Seitenzahlen des vorliegenden Bandes.

Deren ungegenständlich-geistiges (und eigentliches) Element ist die ‚Bedeutung', die unmittelbar auf Bewußtseinsinhalte des Mitteilenden hinweist, diese vertritt. Ihr gegenständlich-körperliches Element und Komplement ist der von den Sprachorganen des Mitteilenden geformte Laut, der als akustisches Signal geäußert und als entsprechender Sinnesreiz vom Hörer aufgenommen, als Träger einer ‚Bedeutung' erkannt" wird (80). Direkt und indirekt kommt Starkulla immer wieder auf diese ,,Tatsache von fundamentaler Bedeutung" zurück, ,,daß Bewußtsein als solches realiter nie ‚ausgetauscht', von Mensch zu Mensch nie unmittelbar ‚übertragen', sondern immer nur über das letztlich physische Medium ‚vermittelt' werden kann" (19).

Überall nun, wo Starkulla dieser ,,Verleiblichung" des mitzuteilenden Bewußtseinsinhalts nachgeht, macht er auch sichtbar, daß solche ,,Inkorporation" nicht in einem einzigen Schritt zu bewältigen ist. Was man landläufig etwas simplifiziert als ein ,,Kommunikationsmedium" anspricht, ist mehrschichtig strukturiert. Die Differenzierung dieser Detailstrukturen des Kommunikationsmediums kann in einem zweiten medientheoretischen Grundsatz festgeschrieben werden:

2.) Alle Prozesse der Kommunikations-Vermittlung umfassen zwei technische Vermittlungsstufen: die Materialisation als Verkörperung von Inhalten mittels physischer Medialgebilde sowie die Manifestation als Verkörperung der geistigen ‚Bedeutung' dieser Inhalte durch sozial gültige Zeichen (19).

Eine ‚Bedeutung', die einen Bewußtseinsinhalt vertritt, wird in Zeichen und Zeichenfolgen codiert und formatiert, in Laute und Lautketten, in gestische Sequenzen oder in Buchstaben und Buchstabenfolgen und so fort: das ist die *Manifestation*. Die Zeichen werden auf materielle Träger geladen, die Lautsignale auf die Luft, das Schriftzeichen auf eine Tierhaut oder auf Papier, das Funksignal auf ein Kupfer- oder Glasfaser-Kabel und so fort: das ist die *Materialisation*. Die neueren technischen Trägermedien erlauben zudem unbegrenzte *Reproduktion* und *Multiplikation* der Zeichen. So wird der Sinn befördert und Mitteilung zwischen Menschen realisiert.

Außerordentlich variantenreich formuliert und erläutert Starkulla vor allem in den Einleitungsteilen des ersten Beitrags über ,,Medien und Medientypen" diese fundamentalen Medienstrukturen (insbesondere 14-23). Er geht aus vom Material einer Zeitung, vom Papier und den Farbpigmenten, deren je konkrete Formung ,,Ausdruck", ,,Vergegenständlichung", ,,Zeichen" oder eben ,,Manifestation" ist. Zeichen sind damit doppelt bezogen: zum einen auf die Bewußtseinsinhalte, deren Ausdruck sie sind und von denen her sie ihre ‚Bedeutung' haben; zum anderen als Signale auf die (physischen) Medialgebilde, deren Formung oder Zuständlichkeit sie bestimmen. Manifestationselemente und Materialisation machen das Zeitungsmedium, sofern es so den ,,Zeitgeist" vermittelt (18). Die Teilschritte zwischen den Ebenen sind in einem recht eingängigen Sprachspiel verdeutlicht: Das ,,Kulturding" (Zeitungsblatt, Radio, Fernseher) präsentiert *Sinnesbilder*, also sinnlich wahrnehmbare Zeichen (Buchstaben, Laute, Bildpunkte und vielfache Kombinationen), die ihrerseits *Sinnbilder* sind, erfahrbare Bilder für einen *Sinn*; denn sie erschließen ,,*Wesensbilder*", das heißt Bedeutungen oder Gedanken, die ihr Sein nur im Geist des Menschen haben, der die Sinnesbilder erkennt und ihre Bedeutung versteht (14).

Auch dieser zweite medientheoretische Grundsatz kommt recht unscheinbar daher. Aber daß er erkannt und anerkannt werde, ist von erheblicher praktischer Tragweite. Wo nämlich die beiden technischen Vermittlungsstufen nicht unterschieden werden, ist die Zufahrt zur Sackgasse der Transportthese einladend weit geöffnet. Zumeist begnügen sich die einschlägigen Erkundungen dann mit der Relation von Zeichen und materiellen Trägern, bleiben in der bloßen Medien-Technologie hängen. Andererseits wird die Relation von Sinn und Sinnbild, die adäquate Verschlüsselung des geistigen Inhalts in die vermittelnden Zeichen nicht selten marginalisiert oder gar negiert. Dann regrediert der Vermittler zum bloßen Transporteur, der zwar befördert, aber der sozialen Kommunikation kaum noch förderlich sein wird.

Die Basiselemente der relevanten Differenzierung sind, von speziellen Kommunikationssoziologien abgesehen (etwa Horst Reimann 1968 oder Hans K. Platte 1965), ebenfalls in den Sprachwissenschaften präpariert, wenngleich teilweise in andere Terminologie gefaßt. Da wird dann unterschieden zwischen dem *Kode* (dem gewählten Zeichensystem aus einem gegebenen Vorrat), dem *Kanal* (der materiellen Verbindung zwischen den Kommunikationspartnern) und dem *Signal* (der materiellen Zuständlichkeit des Kanals). Darüber hinaus kann auch die Funktion der Zeichen mit Hilfe differenzierender Relationen entfaltet werden; wichtig ist da insbesondere die Beziehung der Zeichen zu den Objekten und Realitäten, die sie ausdrücken (Referenzsemantik), ferner die Beziehung zwischen Zeichen und ihren Benutzern (Pragmatik), nicht zuletzt die Beziehung und Anordnung der Zeichen und Zeichenfolgen untereinander (Syntax). Auf einige dieser Beziehungen kommt Heinz Starkulla im Überschriften-Beitrag zu sprechen (80-83, 99-108). Dabei demonstriert er einleuchtend, daß die Reichweite des zweiten medientheoretischen Grundsatzes selbstverständlich nicht auf die ,,natürlichen" Medien der Laut- und Gesten-Sprache beschränkt, sondern auf alle Arten von ,,Sprachen" und auf alle Arten von physischen Medialgebilden auszudehnen ist.

Mit je anderen Akzenten betonen die beiden ersten medientheoretischen Grundsätze, daß ,,*Kommunikation nur innerhalb der Realität der Außenwelt erfolgen*" kann, weil Kommunikation ,,unter allen Umständen einerseits Ereignisse oder Objekte in der Außenwelt erfordert", die vom Mitteilenden gesetzt und auf materiellen Trägern befördert wurden; eben diese ,,Ereignisse oder Objekte in der Außenwelt", nämlich die Materialisationen und Manifestationen, nimmt der deutende Empfänger wahr. Und dies ist einer der Hauptgründe, warum diese Lebens-, Kommunikations- und Wirkwelt ,,den Charakter der *ausgezeichneten*, bevorzugten (,,paramount") Realität hat". So etwa liest sich der medientheoretisch entscheidende Basis-Sachverhalt bei dem Phänomenologen und Wissenssoziologen Alfred Schütz (in den nachgelassenen Notizbüchern zu ,,Strukturen der Lebenswelt", 1958).

Wenn wir diese Position einnehmen, so wird etwas ganz Alltäglich-Selbstverständliches außerordentlich auffällig: Alle Zeichen und alle Zeichenträger, die wir wahrnehmen, erfassen wir nicht als das, was sie vordergründig sind, nicht als eigenständige und eigenwertige Objekte der Außenwelt. Vielmehr ist unsere Aufmerksamkeit ganz auf jenes ,,andere" gerichtet, was Zeichen und Zeichenträger bezeichnen oder vertreten, indem sie darauf verweisen: auf den geistigen Gehalt. Oder ganz konkret: Niemand nimmt die großen oder kleinen schwarzen Rasterpunkte und ihre je besondere Anordnung auf einer genau umrissenen Papierfläche wahr, sondern ganz einfach das Bild eines Politikers. Und niemand beschäftigt sich mit den einzelnen Buchstaben und Buchstabengruppen, die als geordnete Farbflächen auf Papier oder als kombinierte Leuchtpunkte auf einem Bildschirm erscheinen, sondern doch nur mit dem, was diese Zeichen „bedeuten" (ausgenommen den Fall, daß man über einen Druckfehler stolpert).

Die sinnlich wahrnehmbare Manifestation ist also derart mit einer Bedeutung gekoppelt, daß alles, was wir wahrnehmen, im Normalfall aus dem Bewußtsein ausgeblendet wird zugunsten dessen, was es bedeutet, aber nicht wahrnehmbar ist: Eine solche Paarung von Wahrnehmbarem und nicht Wahrnehmbarem wird in der Phänomenologie als *„Appräsentation"* bezeichnet, das heißt als eine Mitvergegenwärtigung in einem fixierten Verweisungszusammenhang. Allerdings gibt es da keine zwangsläufigen Ein-für-allemal-Paarungen zwischen einem wahrnehmbaren, *appräsentierenden* Element und dem der (direkten) Wahrnehmung entzogenen *appräsentierten* Element. Vielmehr kann letzteres auch anderen appräsentierenden Elementen in einem festen Verweisungszusammenhang zugeordnet werden.

Das heißt in den alltäglichen Vorstellungsdimensionen: „*Longhand, typescript, print, does not change meaning of scientific paper.*" (A. Schütz). Ob ein wissenschaftliches Manuskript handschriftlich, mit der Schreibmaschine oder im Druck hergestellt ist, ändert überhaupt nichts an seinem Sinn!

Dies ist ein weiterer Fundamentalsatz der Medientheorie. Alfred Schütz spricht vom „*Prinzip der relativen Irrelevanz des Vehikels*" oder vom „*Grundsatz der bedingten Beliebigkeit des Bedeutungsträgers*". Das fragliche Prinzip läßt sich etwa so konkretisieren:

3.) Ein und derselbe Gedanke oder geistige Inhalt kann „ohne den geringsten Bedeutungsverlust in jede beliebige Fremdsprache übersetzt oder auch in jede beliebige Manifestationsweise übertragen" werden: „*Vom Mündlichen ins Schriftliche, von diesem in die Bild-*

> *darstellung – ganz gleich welchen Mediums; aus der Rede in das Zeitungsblatt und weiter auf Tonband oder Schallplatte, in den Film oder ins Fernsehen, ins Radio, ins Buch oder auf ein Plakat und so weiter."* Denn alle Manifestationen verhelfen dem Gedanken *„zum sinnlich wahrnehmbaren Erscheinen, nicht mehr".* Die Gedanken gehen zwar in diese Manifestation ein, *„sind aber an sie in keiner Weise gebunden".*

Diese Formulierung gibt Heinz Starkulla dem dritten Grundsatz. Eine Parallelstelle dazu findet sich bei Bernd M. Aswerus. Sie lautet: „Der gleiche Gedanke kann in verschiedenen Sprachen und in Worten verschiedener Wahl gedacht werden. Er kann nicht ohne Wortstütze sein. Aber er ist mit dieser nicht identisch. (...) Die gleiche Kommunikation kann sich mehrerer Manifestationsprothesen zugleich bedienen, und sie kann dieselben gegeneinander austauschen", ohne daß dabei die Bedeutung leiden müßte.

Bei Alfred Schütz klingt die Wendung des Grundsatzes formalistischer, weil auf sämtliche Appräsentationsweisen verallgemeinert: Der „Grundsatz bedeutet, daß ein appräsentierter Gegenstand X, der ursprünglich mit einem appräsentierenden Gegenstand A gepaart war, ein neues Paar mit dem Gegenstand B bilden kann, der von nun an X appräsentieren wird. Wenn der neue Bedeutungsträger B mitvergegenwärtigt (ins Gedächtnis gerufen, in der Phantasie vorgestellt) wird, ‚weckt' er (..) im Bewußtsein des erfahrenden Subjekts denselben appräsentierten Gegenstand X, der vorher mit dem ursprünglichen Bedeutungsträger A gepaart war." (Symbol, Wirklichkeit und Gesellschaft, 1955) Es ist ohne weiteres einzusehen, daß auf diesem Prinzip die Möglichkeit von Massenkommunikation überhaupt gründet – und zwar in mehrfacher Hinsicht.

Ein wesentlicher Aspekt des Grundsatzes von der „relativen Irrelevanz des Vehikels" ist ja der, daß es *keine zwangsläufige Verbindung* von Gedanke und einem bestimmten Vehikel, von Mitteilung und einer bestimmten Manifestation gibt. Zwar braucht jede Mitteilung eine Manifestation, aber niemals ist diese mit jener identisch. Weil es sich also bei Mitteilung und Manifestation um ganz verschiedene Dinge handelt, ist es nur logisch, daß ihre jeweilige Verbindung gelöst und eine Mitteilung von ihrer Manifestation getrennt werden kann. Die Möglichkeit solcher Trennung wird im Verlauf der Medienevolution verwirklicht; sie ist geradezu die Voraussetzung für eine Medienevolution, die das Problem lösen soll, eine funktionierende soziale Kommunikation bei gegebener (räumlicher, zeitlicher oder sozialer) Distanz der beteiligten Kommunikationspartner zu gewährleisten. Vor diesem Hintergrund lautet die medienhistorisch relevante Ableitung:

3a) Im Verlauf der Medienevolution verliert die scheinbar selbstverständliche und „natürliche" Appräsentation der Gedanken durch sprachliche Laute und Lautketten für die soziale Kommunikation ihre Dominanz. Es löst sich die scheinbar naturgegebene Bindung der Mitteilungsmöglichkeit an die vom Mitteilenden selbst vollzogene Manifestation und Materialisation seiner Mitteilung auf. Die für soziale Kommunikation erforderlichen und relevanten Medien und Vermittlungsleistungen trennen sich vom primären Mitteilungsverkehr ab und verselbständigen sich zu sozialen Vermittlungsinstitutionen, die als autonom anzusprechen sind, soweit sie nicht im Dienst partikulärer Mitteilungsinteressen, sondern – im Dienst an der gesamten sozialen Kommunikation – in der Mitte zwischen allen möglichen Kommunikationspartnern stehen.

Die Trennung der Vermittlungsvorgänge von den Mitteilungsvorgängen ist gleichbedeutend mit einem fundamentalen Rationalisierungsprozeß der sozialen Kommunikation. Mit dessen historischen Erscheinungen haben sich Franz Adam Löffler (1837) und insbesondere Wolfgang Riepl (1913) intensiv auseinandergesetzt. Daß und wie in der Evolution von Medien und Vermittlung gerade nicht eine Zerstörung, sondern eine Entfaltung der Potentialitäten des „natürlichen" Verhältnisses von Mitteilung und (laut-)sprachlicher Manifestation erfolgt, hat ganz grundsätzlich der Phänomenologe Bernhard Waldenfels in seiner Darstellung des vermittelten Dialogs (1971) aufgewiesen.

Starkulla zielt darauf an allen Stellen, an denen er die Rationalisierung von Vermittlungsdiensten im Interesse sozialer Kommunikation erwähnt. Am Beginn der Neuzeit, „als nämlich die auf Kommunikation angewiesenen gesellschaftlichen Kommunikationspartner, die körperlich nicht mehr ‚in Gesellschaft' weilten, des Raum und Zeit überbrückenden Verhandlungs-Mediums bedurften", rationalisierte sich der Briefbote zum Journalisten, der „die Gesprächsbeiträge von hüben und drüben sammelte, vervielfältigte und das neue Medium ‚Zeitung' an alle Gesprächsteilnehmer verbreitete" (43).

Läßt man zunächst einmal die recht massiven Eingriffe des Journalisten in den sozialen Mitteilungsverkehr außer Acht und bedenkt lediglich, was die vom Journalisten verwalteten und gestalteten Medien für diesen Mitteilungsverkehr leisten können, so weiß wohl jedermann, daß eine Politikerrede ebensogut in einer Zeitung wie im Radio oder im Fernsehen dokumentiert oder übertragen werden kann, ohne daß sich an ihrem Gehalt etwas ändert. Was sich bei solcher Transformation (oder „Transposition") ändert, „betrifft nur Äußerliches" (81). Selbstverständlich entfallen, sofern die Rede gedruckt wird, Lautfärbung, Sprachmelodie oder Lautstärke; diese sind bei Radioübertragungen wahrnehmbar; aber dabei gehen, wie in der Druck-Dokumentation, alle begleitenden gestischen und mimischen Zeichen verloren, die erst (und dann nur in Ausschnitten) über das Fernsehen wieder transportabel werden. (Vgl. exemplarisch 83-86.)

Die unterschiedliche Transportleistung, die von der Art der präsentierten Sinnesbilder abhängt, konstituiert die besondere Eignung eines Mediums für die Vermittlung sozialer Kommunikation. Auf derart nuancierte Eignungen bezieht sich auch der einschränkende Hinweis in der Benennung des Prinzips, wenn da von „*relativer* Irrelevanz" oder von der „*bedingten* Beliebigkeit" des Bedeutungsträgers die Rede ist. Jeder journalistische Praktiker weiß davon, wenn er die verschiedenartigen Techniken des Nachrichtenmachens für Zeitung und Radio auf die Kurzformel bringt: Eine Schreibe ist keine Rede!

In diesen Überlegungen steckt eine weitere Ableitung aus dem dritten Grundsatz: die *Transformationsregel*. Sie könnte lauten:

3b) Die Beförderung des gleichen geistigen Inhalts mit unterschiedlichen Medien erfordert je spezifische Transformationsleistungen, das heißt: eine den je verwendeten, andersartigen Mitteln entsprechende Technik, mit der die in aller Regel zunächst lautsprachlich gegebenen

Mitteilungen unverkürzt in die ‚Sprache' umgeformt werden, die dem gewählten Medialgebilde am ehesten angemessen ist.

Das Funktionieren der Transformationsregel beruht ganz wesentlich darauf, daß die eingesetzten, medienadäquaten ‚Sprachen' zu einem intersubjektiven, sozial vereinbarten Zeichenbestand gehören. Von daher ergeben sich dann für die Manifestation sowie für das über die Zeichenwahrnehmung verlaufende Verständnis von Mitteilungen weitere Folgerungen, die Alfred Schütz folgendermaßen festhält:

3c) „Wenn das Zeichen seitens des Zeichensetzenden als Kundgabe in kommunikativer Absicht geplant (intendiert) war, muß der Zeichendeutende nicht notwendigerweise als Adressat der Kommunikation intendiert gewesen sein", um Mitteilung zu realisieren. Und:

3d) „Es ist keineswegs eine notwendige Voraussetzung der Kommunikation, daß Kundgebender und Kundnehmender (Zeichensetzender und Zeichendeutender) einander bekannt sein müssen."

Deutlich zielen diese Sätze stets auch auf die Bedingungen der Möglichkeit von Massenkommunikation, die man wohl präziser als eine *durch verselbständigte Vermittlung realisierte soziale Kommunikation* bezeichnet. Jedoch sind bislang bei der Formulierung medientheoretischer Grundsätze Art, Einsatz und Rolle der Vermittlung bewußt ausgeblendet oder jedenfalls stark vereinfacht worden. Zum einen wurde abgesehen von Rolle und Eingriff der personalen Vermittler, also der Journalisten; zum anderen wurde mehr oder weniger stillschweigend unterstellt, solche „Medien-Kommunikation" schiebe *ein* einzelnes Mittelstück zwischen die interessierten Kommunikationspartner in der Gesellschaft. Beide Annahmen können indessen rücksichtslos aufgehoben werden, ohne daß im Grundsatz von den gewonnenen Einsichten irgendetwas abgestrichen werden müßte. Ganz im Gegenteil. Verlängert man die bisher statuierten medientheoretischen Grundsätze konsequent auf die Erscheinungen der Massenkommunikation, so wird ein weiteres, tragendes Fundament sichtbar, dessen Freilegung wir wieder von Alfred Schütz übernehmen:

4.) In komplizierten Fällen der Kommunikation, zu denen jeder gesellschaftsweite Mitteilungsverkehr unter Zeitgenossen über Themen

und Vorgänge ihrer Zeit zu rechnen ist, ,,kann eine beliebige Anzahl von menschlichen Individuen oder mechanischen Vorrichtungen in den Kommunikationsprozeß zwischen den ursprünglich Kundgebenden und den Kundnehmenden eingeschaltet werden". Keine dieser Zwischenschaltungen, handle es sich um Medienketten oder um Reihen von Vermittlungssystemen, welche das Handeln personaler Vermittler einschließen, vermag die kommunikative Basisstruktur des ursprünglich intendierten Mitteilungsprozesses aufzuheben oder die ursprünglich Kundgebenden aus ihrer Rolle zu verdrängen.

Alfred Schütz selbst hat dies in seinem Notizbuch von 1958 in wenigen Stichworten anhand einer Äußerung des amerikanischen Präsidenten konkretisiert. Sie besagen, daß es letztlich für die Mitteilung und das Verständnis ihres Sinns völlig gleichgültig ist, ob man die Präsidenten-Äußerung direkt im Rahmen der Pressekonferenz wahrnimmt, bei der sie gemacht wurde, oder ob man sie – vermittelt über viele Zwischenstationen – schließlich in einer deutschen Zeitung liest. Das entspricht durchaus ganz gewöhnlicher, unverstellt reflektierter Rezipientenerfahrung.

Der Mediennutzer sucht und findet in Zeitungsartikeln oder in Funksendungen die Mitteilungen der für ihn relevanten Bezugsgruppen und ebenso solche seiner Gegnergruppen: Äußerungen der Regierung und der Opposition, der Gewerkschaften und der Unternehmer, zahlloser Organisationen, Vereine und Verbände aus allen Lebensräumen, nicht zuletzt auch die Stellungnahmen von Experten, sofern all diese Mitteilungen in seinem Interessenhorizont liegen. Aber der Mediennutzer schreibt diese für ihn relevanten Äußerungen doch keineswegs dem Medium oder dem Vermittler zu – auch wenn er gelegentlich versucht sein sollte, den Boten der schlechten Nachrichten zu erschlagen. Starkulla unterstreicht daher, daß eben die Zeitung nicht selbst ,,informiert", ,,schreibt" oder ,,meint", ,,auch wenn umgangssprachlich sehr unpräzise von derlei die Rede geht". Vielmehr vermitteln Zeitungsmedien wechselseitige, kommunikative Beziehungen (23) und etablieren sich gerade so als ,,papierene Räume indirekten geistigen Verkehrs unter Zeitgenossen", als technisch ermöglichte ,,Versammlungsräume und Tagungsstätten sozialkommunikativer Begegnung" (132).

An dieser Stelle hebt eine stringent entwickelte Medientheorie die gängigen Massenkommunikationstheorien aus den Angeln: Weder ist Massenkommunikation ein kommunikationsähnlicher Verkehr zwischen Medienmachern und Medienempfängern, noch ist sie die berüchtigte Einbahnstraße. Ein theoretisch tragfähiges Konzept von Massenkommunikation, das sich an medientheoretischen Fundamenten orientiert, erzwingt geradezu die Revision von Modellkonstruktionen, die den Profi-Kommunikator in die Rolle eines Monopol- und Monolog-Sprechers, den überwiegenden Gesellschaftsteil aber in jene andere eines hörigen, knetbaren Publikums verbannen. Die wissenschaftliche und praktische Brisanz des vierten medientheoretischen Grundsatzes kann gar nicht überschätzt werden.

Allerdings tritt mit diesem Grundsatz nun auch der personale Vermittler auf die Bühne. Selbstverständlich kann der sich auf Transport- und Botenaufgaben beschränken. Er kann als Übermittler bloß wiederholbarer Sprachformeln fungieren. Aber all das schöpft seine Rolle nicht aus. Gerade in den modernen Vermittlungssystemen erledigt der menschliche Vermittler nicht, was technische oder maschinelle Medien weit besser erledigen können. Er erfüllt vielmehr alle Aufgaben, die mit der Relation von Sinn und Sinnbildern, also mit der Einverleibung des geistigen Gehalts von Mitteilungen in Zeichen zu tun haben. Nicht nur für einzelne Mitteilungen ist dieser Auftrag zu lösen, sondern für das Spektrum aller in der Gesellschaft vertretenen Positionen. Daher heißt Vermitteln hier *Organisation* und *mediengerechte Konzentration* oder *„repräsentative Verdichtung"* von sozialer Kommunikation (vgl. u. a. 42f). Und solches Vermitteln bedarf und folgt einer auf spezifischen Handlungsentwürfen (39f) beruhenden *Strategie*. Dieser Vermittlungs-Strategie, ihren Bedingungen, ihren Ausprägungen und ihren Auswirkungen widmet Starkulla zentrale Teile aller seiner medientheoretischen Beiträge.

Als *Technologie des Journalismus* umfaßt diese Strategie das gesamte *know how* der Mediengestaltung; dessen Einsatz indessen wird „gesteuert von dem strategischen Prinzip der Zeitungs-Ideologie", das heißt: von der „alles journalistische Handeln normierenden Vorstellung von der ‚idealen' Funktion des Journalismus" (15). Je nach dem

Typus dieser Idealvorstellung unterscheiden sich Medien-, Manifestations- und Vermittlungstypen. Insbesondere hängt von solchen Idealen ab, ob ein Medium als Führungsinstrument des Publizisten oder als Forum der gesellschaftlichen Zeit-Kommunikation gestaltet wird. Ausführlich und eindrucksvoll demonstriert Starkulla, wie sehr publizistische Vermittlungsstrategien berechtigt, sachlich und menschlich begründet und verständlich sind, wo es um partikulare Vermittlung der Binnenkommunikation von Interessen- oder Überzeugungsgruppen in der Gesellschaft geht, ob sie nun in Gestalt von Sensations-, Gesinnungs- oder Kampfblättern erscheint oder in der weiten Zeitschriftenlandschaft angestammte Plätze hat. Ebenso unmißverständlich stellt er indessen die Gemeingefährlichkeit publizistischer Vermittlungsstrategien heraus, wo sie Medien erfaßt, die als Foren der ganzen sozialen Kommunikation ausgeprägt sein müßten.

Die Ambivalenz der unverzichtbaren Mitwirkung des personalen Vermittlers in der sozialen Kommunikation wird auf diese Weise sichtbar: „Die Einschaltung eines lebendigen Mittlers wirkt ebenso sinnbelebend wie sinnverengend, der Möglichkeit nach auch sinnentstellend", bemerkt Bernhard Waldenfels in seiner Dialogphilosophie. An der zuletzt genannten Möglichkeit setzt auch der letzte medientheoretische Fundamentalsatz an, dessen berufs- und kommunikationspolitische Konsequenzen auf der Hand liegen. Er lautet:

5.) Was die Kommunikation der Zeitgenossen über Distanz allein ermöglicht, gefährdet sie zugleich: die Vermittlung. Wo Foren sozialer Kommunikation von einer Vermittlungsstrategie beherrscht werden, die sich nicht an der Vorstellung einer Anwaltschaft für das ganze Gesellschaftsgespräch und sämtliche seiner Gesprächspartner und Gesprächsparteien orientiert, werden genau jene Kommunikations-Chancen vernichtet, die durch eine journalistische Vermittlungsstrategie zu garantieren wären.

3. Medien als Foren sozialer Kommunikation

Erst mit dem Konzept des *Forums* (das weit in die medientheoretische Tradition zurückreicht) ist der *Vollbegriff des Mediums* im Rahmen einer kommunikationswissenschaftlich tragfähigen Medientheorie erreicht. Diesen Vollbegriff des Mediums entfaltet Starkulla vornehmlich in seinem dritten Beitrag über die „Zeitschriften" (130-133). Dabei spielt eine kleine Nuance in der Verwendung des Zeitschriftenbegriffs eine große Rolle: Starkulla präsentiert nämlich Zeit-Schriften und Zeitschriften. Und das ist nicht dasselbe.

Mit *Zeit-Schrift* ist ganz allgemein das Sozialmedium „*Schrift zur Zeit*" angesprochen, das immer dann in Erscheinung tritt, wenn das natürliche Sozialmedium Lautsprache seine Vermittlungsdienste versagt. In diesen Fällen muß dann das „Wort zur Zeit" umgewandelt, transformiert werden in die multilateral vermittelnde Zeit-Schrift, die sich als der *technisch hergestellte Marktplatz*, als Agora und Versammlungsraum etabliert (132). Wie dieser Versammlungsraum beschaffen ist, hängt von der Beantwortung zweier Fragen ab: Für welche Kommunikationsinteressenten und -Partnerschaften öffnet sich das Medium als Forum? Und: Welche Kommunikationsinteressen realisieren die zugelassenen Partner auf dem technisch hergestellten Marktplatz? Welche (aktuellen) Themen traktieren sie? (133ff) *Die Partnerversammlung und ihre Tagesordnung konstituieren das jeweilige Forum*. Wo potentiell alle Gesprächspartner der Gesellschaft oder ihre Repräsentanten versammelt werden im Medium, wo sie ohne einen a-priori-Vorbehalt zu jedem sie interessierenden oder betreffenden Thema das Wort nehmen können, haben wir es mit einem *gesellschafts-universellen Forum* zu tun, banal gesagt: mit einer Informations- Zeitung (130), oder allgemeiner: mit einem *Medium der Grundversorgung*, wie das Bundesverfassungsgericht diesen Forums-Typus bezeichnet. Wo sich dagegen nur Repräsentanten und Mitglieder spezieller Gesinnungs-, Interessen- oder Geselligkeitszirkel, formeller oder informeller ‚Vereinigungen' in einem technisch ermöglichten Forum zusammenfinden, um ihre je fachlichen, beruflichen oder sonstwie segmentierten Kommunikationsbedürfnisse zu befriedigen, liegen *Zeitschriften* im engeren und landläufigen Sinn vor (133).

Mit den Fragen nach dem je manifestierten Partner-Universum und nach dem zugehörigen Themen-Kosmos operationalisiert Starkulla das Wesensmerkmal der *Universalität*, wie es der Medientheoretiker Otto Groth als Medien-Konstitutiv fixiert hat. Dessen subjektiver Aspekt, die *Universalität der Gegenwelten*, kommt in den Weltpositionen und Weltanschauungen zum Vorschein, die von den diversen gesellschaftlichen Meinungs- und Interessengruppen vertreten werden. Der objektive Aspekt des Wesensmerkmals schlägt sich in der *Themen-Universalität* nieder. Wie Groth bemerkt, handelt es sich bei dieser Universalität um ein weitgehend empirisch-quantitativ faßbares *Vermittlungsmaß*. Die Dimensionen dieses Maßes und seine Funktionsbeziehungen insbesondere zu den formalen Vermittlungsmaßen der Publizität und der Periodizität zeigt Starkulla mit Hilfe der Zeitschriften-Statistik exemplarisch auf. Jedoch ist die vom Forums-Konzept abgenommene Operationalisierung prinzipiell auf jedes technisch hergestellte Forum oder Teilforum und die auf und in ihm manifestierte soziale Kommunikation übertragbar.

In der exemplarischen Operationalisierung des Forumskonzeptes ebenso wie in seiner theoretischen Grundlegung präsentiert sich der Medien-Begriff am markantesten als ein *relationaler Begriff*. Oder anders: Medien lassen sich nur relational denken. Von Medien kann nur relational die Rede sein. (Bei der Behandlung der medientheoretischen Fundamentalsätze ist dies stillschweigend vorausgesetzt und anerkannt worden; nun muß ausdrücklich davon die Rede sein.) Starkulla trägt dem Rechnung, wo er den allgemeinen Medien-Begriff auf die Kommunikationsbedingungen hin präzisiert: „Da Kommunikation (..) als ‚Austausch' von ungegenständlichen personalen Bewußtseinsinhalten *unmittelbar* nicht möglich ist, bedarf sie der *Vermittlung* durch ein ‚Mittel' (Medium), das – gleichsam in der ‚Mitte' zwischen den kommunizierenden Partnern gelegen – als Träger und Transportmittel die mit(einander)-zu-teilenden Inhalte aufnimmt, speichert und wieder abgibt." (19)

Es geht hier also keinesfalls um einen statischen Medienbegriff, sondern um die Funktion des Vermittelns, die erfüllt wird, wenn man ein Mittelstück, eine Person oder ein Werk, in die Mitte der Kommunikationspartner stellt: dann bezeichnet Vermitteln präzise die Wechselseitigkeit der Beziehungen zwischen den sprechenden und den angesprochenen gesellschaftlichen Kommunikationspartnern und dem Medium samt seinen personalen Vermittlern; Vermittlung bringt das Hin und Her zwischen diesen drei Positionen zum Ausdruck, schließt jeglichen Gedankenaustausch ein, weil auch der Wechsel der Positionen, durch den die Angesprochenen zu Sprechern und die Sprecher zu Angesprochenen werden, im Vermittlungs- und Medienbegriff mitgedacht ist. (So könnte man in freier Paraphrase zu einer Vermittlungs-Definition von Otto Groth sagen.)

Es ist selbstverständlich, daß eine umfassend konzipierte, auf soziale Kommunikation bezogene Medientheorie diese Relationen nachzuzeichnen hat. Insoweit deckt Medientheorie drei Gegenstandsbereiche, in denen die fraglichen Relationen mit unterschiedlicher Bedeutung erscheinen:

- Die Theorie des *Mittels* oder des *Mediums*; sie schließt ein die Behandlung der Technik, der äußeren Erscheinungsform, der rechtlichen Organisation, der ökonomischen Grundlagen, der historischen Entwicklung und der Vermittlungseignung des jeweiligen Mittels.
- Die Theorie des *personalen Vermittlers*; sie schließt ein die Behandlung der Vermittlungsstrategien und im Detail allen Wissens und aller Regeln, welche die Mediengestaltung betreffen (Vermittlungstechnologie), ferner die Behandlung der normativen Vorstellungen von der ‚idealen‘ Vermittlung (Vermittlungsideologie).
- Die Theorie der *Vermittlung*, das heißt aller möglichen Manifestations- und Produkttypen, wobei die Beziehung der Vermittlung zu den vorgegebenen Bewußtseins-Mitteilungen der je relevanten Kommunikationsgesellschaften und -gruppen ebenso zu beachten ist wie die Relationen zu den Vermittler-Strategien und zu den medienspezifischen Eignungen und Eigenheiten der je eingesetzten Mittel.

Die Einkreisungen einer Medientheorie, die Heinz Starkulla in den hier vorgelegten Beiträgen exemplarisch unternimmt, umfassen alle genannten Komponenten, wobei einmal diese und dann wieder jene mehr in den Vordergrund tritt. In allen Fällen zeigt sich, wie wichtig sorgfältige Sammlung und Interpretation einschlägiger aktueller und historischer Medienfakten sind. In keiner dieser Einkreisungen vergißt oder negiert Starkulla jedoch den relationalen Charakter des Medien-Begriffs: Medien müssen in die soziale Zeit-Kommunikation „hineingestellt", sie dürfen niemals der Gesellschaft und ihrer Kommunikation „gegenübergestellt" werden (50). Wo Medien kommunikationslos freigestellt und isoliert werden, führt ihre Betrachtung zwangsläufig zu reduktionistischen Transport-Modellen, die zur Klärung und Erklärung sozialer Kommunikation, nicht zuletzt ihres heute scheinbar dominanten Modus ‚Massenkommunikation', nicht mehr taugen. Sie sind unbrauchbar.

Schlimmeres folgt, wo die Betrachtung der Medien diese nicht bloß freistellt, sondern der Gesellschaft gegenüber- und entgegenstellt. In einer Fußnote illustriert Starkulla (50f), daß aus einem derartigen Ansatz monströse Konstruktionen resultieren, in denen vor allem Massenmedien als freischwebende Institutionen außerhalb von Staat und Gesellschaft interpretiert werden, weder dem Staat noch der Gesellschaft zugehörig oder hörig, jedoch von der freischwebenden Außenposition her zu Kontrolle und Kritik beider prädestiniert. Solche Medien- und Vermittlungs-Konzepte, mögen sie gewisse publizistische Strategie-Strategen noch so streicheln, sind gemeingefährlich.

Wo immer als wissenschaftlich ausgegebene Konstruktionen die Medien oder die Vermittlung sozialer Kommunikation so oder so aus der Mitte des Mitteilungsverkehrs der Zeitgenossen reißen, verfehlen sie die Wirklichkeit. Gleichwohl wirken sie – sofern sie geglaubt und angenommen werden – auf die soziale Wirklichkeit zurück. Denn Gefahr droht der Gesellschaft und der Demokratie immer dann, „wenn die Soziale Zeit-Kommunikation als ungeteiltes Ganzes unterrepräsentiert, das heißt: unvermittelt bleibt und das demokratische Gesellschaftsplenum keine sozial-universalen Medien vorfindet, um im allseitigen Austausch der Tatsachen und Überzeugungen jene am Allgemeinwohl orientierten politischen Kompromisse zu finden und zu schließen, welche die Demokratie tragen und programmieren" (71).

Das Medium der Medien

Kommunikationswissenschaft

UVK
Der Fachverlag für Wissenschaft und Studium

ZEITSCHRIFT FÜR DIE WISSENSCHAFT VON PRESSE · RUNDFUNK · FILM · RHETORIK · ÖFFENTLICHKEITSARBEIT · WERBUNG · MEINUNGSBILDUNG

Publizistik
Vierteljahreshefte für Kommunikationsforschung

Publizistik
Vierteljahreshefte
für Kommunikationsforschung

Zeitschrift für die Wissenschaft von Presse, Rundfunk, Film, Rhetorik, Öffentlichkeitsarbeit, Werbung, Meinungsbildung

AUS DEM INHALT

Freizeitmuster und Lebensstil (Luger)
Die opportunen Zeugen. Zeitungsberichterstattung über die Volkszählungsdiskussion (Hagen)
Visuelle und verbale Wertungen im Fernsehen (Gaßner)
Anti-Terror-Gesetzgebung und Öffentlichkeit (Sebaldt)
Microfiche-Edition »Akten der Partei-Kanzlei der NSDAP – eine zentrale Quelle zur Mediengeschichte (Moll)

Jahresabonnement
(4 Hefte) DM 96,–
für Studenten DM 72,–
(jeweils zuzüglich Versandspesen)

Heft 4
37. Jahrgang 1992

UNIVERSITÄTSVERLAG KONSTANZ

UVK
Universitätsverlag Konstanz
Postfach 10 20 51
D-78420 Konstanz
Tel. 07531/23058

Pressestimme:
„Sie ist ein repräsentativer Reflex der deutschen Medienforschung und der verläßliche Wegweiser für neue Tendenzen, ohne dem nur Modischen zu erliegen...
Vieles von dem, was die Journalistenausbildung in den letzten Jahren – wenn auch mühsam – bewegt und vorwärts gebracht hat, ist in dieser Zeitschrift gefordert und begründet worden. Daneben standen grundsätzliche Artikel zur aktuellen Medienpolitik, zu den neuen Kommunikationstechnologien, zu Rechtsfragen und zur Medienstatistik."

Journalist (Bonn)

Bitte fordern Sie unser aktuelles Gesamtverzeichnis an!

ex libris
kommunikation

Klassische Texte über Medien und Kommunikation
Herausgegeben von
Prof. Dr. Hans Wagner und Dr. Detlef Schröter

Band 1:
Peter Glotz und
Wolfgang R. Langenbucher
Der mißachtete Leser
Zur Kritik der deutschen Presse
Mit einem Vorwort der Autoren zur Neuauflage.
ISBN 3-88927-124-3, DM 29,80

Band 2:
Joachim von Schwarzkopf
Ueber Zeitungen
(und ihre Wirkung)
Faksimilenachdruck des Originals von 1795
Mit einer Einführung von Otto Groth.
Anmerkungen zum Fachstichwort 'Medienwirkung' von Hans Wagner.
ISBN 3-988927-125-1, DM 29,80

Band 3:
Bernd M. Aswerus
Vom Zeitgespräch der Gesellschaft
Originaltexte zusammengetragen von Hans Wagner.
Einleitung und Anmerkungen zum Fachstichwort 'Zeitungswissenschaft als Sozialwissenschaft'.
ISBN 3-88927-126-X, DM 29,80

Band 4:
Heinz Starkulla
Marktplätze sozialer Kommunikation
Bausteine einer Medientheorie
Eingeführt und mit Anmerkungen zum Fachstichwort 'Medientheorie'
ISBN 3-88927-127-8, DM 29,80

Im Winter 1993/94 werden folgende Bände erscheinen:

Franz Adam Löffler
Gedankenhandel:
Das Prinzip der Presse

Karl Knies
Vom Nachrichtentransport
(Der Telegraph als Verkehrsmittel)

Otto Groth
Vermittelte Mitteilung
Ein alternatives Massenkommunikationsmodell

Arthur Schütz
Der Grubenhund
Nachdruck der Erstausgabe von 1931

Verlag Reinhard Fischer
Weltistr. 34, 8000 (81477) München 71 • Tel. 089/7918892 • Fax 089/7918310

Dieser Band der Reihe ex libris kommunikation wird gefördert durch die Bayerische Hypotheken- und Wechsel-Bank AG.